U0613202

农业转移人口市民化成本
及其分担机制研究

王晓红　著

中国农业出版社
北　京

图书在版编目（CIP）数据

农业转移人口市民化成本及其分担机制研究／王晓
红著．—北京：中国农业出版社，2022.8
ISBN 978-7-109-29780-7

Ⅰ.①农…　Ⅱ.①王…　Ⅲ.①农业人口—城市化—研
究—中国　Ⅳ.①C924.24

中国版本图书馆 CIP 数据核字（2022）第 140959 号

农业转移人口市民化成本及其分担机制研究
NONGYE ZHUANYI RENKOU SHIMINHUA CHENGBEN
JIQI FENDAN JIZHI YANJIU

中国农业出版社出版
地址：北京市朝阳区麦子店街 18 号楼
邮编：100125
责任编辑：孙鸣凤
版式设计：王　晨　　责任校对：沙凯霖
印刷：北京通州皇家印刷厂
版次：2022 年 8 月第 1 版
印次：2022 年 8 月北京第 1 次印刷
发行：新华书店北京发行所
开本：720mm×960mm　1/16
印张：11.5
字数：210 千字
定价：68.00 元

前　言
FOREWORD

　　农业转移人口是当代中国社会的一个特殊群体，是随着我国改革开放在最短的时间内涌入城镇的规模最大的群体。他们具有一定的文化水平，能在城镇中找到适合自己的职业和岗位，并广泛分布于国民经济的各个行业和领域，成为我国产业工人的重要组成部分。他们为城市建设、经济发展创造了巨额财富，作出了巨大贡献，是推动经济发展和社会结构变革的巨大力量。但是，他们虽实现了地域转移和职业转换，却没有实现身份和地位的转变：在城镇工作和生活，从城镇获得收入，被计入城镇人口，却没有获得城镇户籍，也没有享受到城镇市民享受到的各种社会保障和公共服务待遇，工作繁重、缺少保障、居无定所、生活艰辛。如果大量的农业转移人口长期停滞在这种状态而未能市民化，必然会影响城镇经济的健康发展和整个社会的和谐。

　　因此，如何使农业转移人口平等地享有与城市市民一样的社会保障和公共服务待遇，怎样把他们当中那些符合条件的农业转移人口逐步转变为市民，使他们在完成地域和职业转换的同时逐渐享受完整的社会福利、融入城市社会和文化生活，实现从进入城市到融入城市的转变，成为真正的城镇新市民，是我国新型城镇化的关键所在。目前，我国在推进农业转移人口市民化的过程中，表面上看是由于城市承载力不足、二元体制改革滞后、转移人口难以融入，其根本原因在于消除城乡户籍之间公共服务水平差距所需要付出的巨大成本。农业转移人口市民化不仅是制度设计的调整，还是利益

· 1 ·

的调整，成本问题才是核心难题。如何更好地分担这些成本，怎样筹集资金解决这些成本问题，是我国政府推进农业转移人口市民化所面临的严峻挑战。因此，探究农业转移人口市民化成本及分担机制意义重大、刻不容缓。目前，农业转移人口市民化成本分担仍然处于探索阶段，其分担机制仍然存在着不少问题，因此，改进农业转移人口市民化成本分担机制，提高农业转移人口市民化成本分担机制的运行效率，促进农业转移人口市民化成本能够被合理分担，是解决农业转移人口市民化的最佳选择。

本书共分九章，主要涉及三个方面内容：

首先，以农业转移人口市民化的概念和分担机制的内涵为切入点，采用分类加总法对农业转移人口市民化成本进行测算，得到农业转移人口市民化总成本、已分担成本和未分担成本，通过测算表明，市民化成本巨大，而分担不足。对现有农业转移人口市民化成本分担机制现状进行描述，并对现有分担机制中存在的问题进行分析。本书分析了农业转移人口市民化成本分担机制运行主体之间的利益博弈，包括农业转移人口与企业的分担博弈、企业与地方政府的分担博弈、农业转移人口与地方政府的分担博弈、中央政府与地方政府的分担博弈，这是设计农业转移人口市民化成本分担新机制的基础。

其次，对农业转移人口市民化成本分担机制进行优化，包括机制的目标、原则和内容。机制的目标是解决农业转移人口市民化成本如何分担和怎样能更好分担的问题。机制应遵循一般原则和具体原则，一般原则包括系统性原则、科学性原则、可操作性原则和动态性原则；具体原则包括谁受益谁承担的原则、财权与事权相匹配的原则、政府为主与多元参与的原则。另外，对各主体的分担责任进行了合理的划分，调整了现有机制中不合理的分担责任。对投入机制、激励机制、筹资机制、补偿机制和监管机制进行了方案设计。

最后，为了保证优化后的市民化成本分担机制能够有效运行，提出了农业转移人口市民化成本分担优化机制运行的保障措施，包括：协调明确各主体之间的关系，发挥中央政府的引导功能，调动其他主体的主观参与能动性；将农业转移人口市民化成本分担责任法制化，使分担责任更加明晰，修订土地承包法，制定户籍法，为农业转移人口转户进城提供法律保障；进行财税体制改革，上移事权，下移财权；建立和完善各种保障制度，包括就业制度、社保制度、教育制度、土地制度等；加强信息化建设，使信息化系统成为农业转移人口市民化成本分担的监管方、执行方、农业转移人口的共享平台，通过这些信息平台，可以随时掌握农业转移人口及其子女的基本信息，农业转移人口也可以随时了解企业的用工信息；完善落户政策，以经常居住地登记户口，降低农业转移人口落户门槛，同一都市圈内城市户籍准入年限同城化累积互认；把有条件的县镇升格为中小城市，提升农业转移人口数较多城市的行政级别，增强他们的管理权限和获得资金的能力，以便更好地接纳农业转移人口就地落户。

本书对农业转移人口市民化成本的测算及其分担机制的阐述，可为相关政府部门加强市民化成本控制，推进对市民化成本进行合理分担和资金筹集，提高分担机制的运行效率等的科学决策和政策制定提供有益的借鉴和参考。

本书是笔者主持的黑龙江八一农垦大学学成、引进人才科研启动计划课题"农业转移人口市民化成本分担机制研究"（编号：XDB-2017-09）和黑龙江省农垦总局科技计划项目"黑龙江垦区新农村建设进程中农户住宅集聚问题研究"（编号：HNK11A-14-04）的主要研究成果，并获得黑龙江八一农垦大学学术专著论文基金的资助，在此表示深深的感谢！

本书写作过程中，笔者得到了东北农业大学经管学院王吉恒教授的精心指导，从选题的确定、框架的拟定到书稿的最终完成，凝聚着王吉恒教授的真诚付出！东北农业大学郭翔宇教授、李翠霞教授、张启文教授和胡胜德教授，均对书稿提出了宝贵的修改意见和建议，在此对他们的无私帮助和支持表示衷心的感谢！同时，还要感谢黑龙江八一农垦大学的王宁教授，对书稿数据选取、测算结果分析等细节的完善意见，从而使该书能够顺利地完成和出版。

由于本人水平有限，书中定有不妥之处，恳请广大读者批评指正！

黑龙江八一农垦大学　王晓红

2022 年 2 月

目 录

CONTENTS

第一章 绪　　论

一、研究背景、目的和意义

（一）研究背景

1. 国民经济发展进入全面建成小康社会时期

我国已进入全面建成小康社会的阶段。小康社会以大幅度提高城镇人口比重，扭转工农差别、城乡差别和地区差别扩大的趋势作为具体目标之一，以促进人的全面发展，惠及十几亿人口为根本目标的社会。每一个人都是小康社会的受益者，农业转移人口也不例外，推进农业转移人口市民化，改善他们的居住和生活环境，满足他们的多样化需求，增进他们的权利和福利，实现从进入城市到融入城市，从完成身份和职业转换到实现社会、文化融合，这既是国民经济发展的要求，也是提高人们生活质量、增进人民福祉的必然选择[1]。

2. 城乡发展一体化进入新的发展阶段

长期存在的城乡二元结构，加剧了城乡之间经济发展不平衡，导致城乡之间要素交换不平等，公共资源配置不均衡，城乡居民公共服务差距拉大，农村在养老、医疗、教育、供电、供水、交通、环境等方面明显落后于城市，农村劳动力到城镇务工经商，住在城镇却不能享受到城镇的各项福利，不能成为真正的城镇居民，使他们缺乏对城镇的归属感和信任感，城乡之间的矛盾加剧，影响社会和谐。所以，近年，我国从城乡发展不平衡和不协调的现实出发，改革城乡户籍制度，突破二元经济格局，保障和改善民生，缩小城乡差别，形成以工促农、以城带乡的新型工农城乡关系，把工业与农业、城镇与乡村作为一个整体，通过体制改革和政策调整，促进整个城乡经济社会协调发展，改变长期形成的城乡二元经济结构，实现城乡要素配置合理化，城乡居民公共服务均等化，让广大农民尽享现代化发展成果，享受与城镇居民相同的社会权利与福利。

3. 新型城镇化建设处于深入发展的关键时期

自 2014 年新一轮户籍改革以来，我国连续多年的中央 1 号文件和政府工作报告，多次提出推进农业转移人口市民化。中央不断推进农业转移人口转户进城，把推进以人为核心的新型城镇化和着力提升城镇化质量作为我国经济工作的主要任务之一，抓好农业转移人口落户城镇。长期以来，各地都把城镇化简单地等同于城区规划和建设，只注重城区扩张而忽视了人的集聚，更没有关注人的权利和福利的获得，只把农业转移人口当作生产者，而不愿接纳他们成为城市的定居者，没有把他们当成是城市居民的一分子，导致近 2 亿农业转移人口进城工作生活却无法落户定居。新型城镇化的核心是人的城镇化，是当前所提倡的有质量的城镇化，是有序推进农业转移人口市民化的城镇化，也是中国未来城镇化的发展方向。目前，我国通过户籍制度改革，在全国范围内推行农业转移人口落户计划，实行不同规模城市差别化落户政策，把有能力在城镇稳定就业和生活的城镇务工经商的农业转移人口及其家属逐步转为城镇居民，让农业转移人口共享城镇化发展成果。这将成为几十年来我国户籍制度改革规模最大、配套制度设计最完善、影响最深的一次实践[2]。在这次实践中，必须推行一系列制度改革，承担各种农业转移人口市民化成本，排除市民化的各种阻力和困难，以存量带增量，努力提高城镇化质量，有序推进有能力在城镇稳定就业和生活的农业转移人口市民化，实现以人为核心的新型城镇化，使城乡居民公平共享城镇化发展成果，这是新阶段必须完成的任务。

（二）研究目的

近年来，我国大力推进农业转移人口市民化，但从全国的整体情况看，仍然存在一些不足。农业转移人口市民化的过程就是各种福利待遇提高的过程，是公共服务均等化的过程，这需要花费大量的资金，而这些成本单靠农业转移人口个人是无力承担的，导致大量的农业转移人口既不能市民化，又不愿意返回农村，滞留在城镇里，成为我国当前社会发展的一个难题。本书的研究目的在于通过对农业转移人口市民化成本进行测算，掌握市民化成本分担需求，了解我国现有分担机制框架及运行效果，找出现有分担机制存在的问题，对运行主体之间的成本分担进行博弈分析，优化现有成本分担机制，使各主体的分担责任更加合理，使优化之后的分担机制更加有效率，并提出一系列保障措施，推进成本分担机制的有效运行，为决策者提供参考。

（三）理论意义

农业转移人口市民化具有人数多、历时长的特点，同时也具有鲜明的中国特色。国外的农村人口市民化的过程是农村人口转移到城市以后直接转变为城市居民，并享有相同的公共服务，不存在城市中农业转移人口这样一个流动群体，也不存在这么长时期的过渡和中间阶段，虽然也会发生市民化成本费用，但他们这一问题不像我国这么突出和难以解决，因此，对农业转移人口市民化成本测算和分担的研究，有助于丰富和发展城市化理论、人口迁移理论、成本测算和分摊理论研究，并进而对经济学、社会学和心理学的发展起到积极的促进作用。

一直以来，我国有许多经济学家和社会学家对农业转移人口市民化问题进行了多角度和多层次的研究，但这些研究多集中于农业转移人口市民化的制约因素、滞后原因及推进农业转移人口市民化的制度创新和对策建议方面，而针对农业转移人口市民化成本测算和分担的研究还比较少。通常研究者对农业转移人口市民化成本的内涵有一个比较统一的认识，但对它的外延认识不尽相同，造成在市民化成本测算的过程中，成本构成各不相同，没有一个统一的标准。如何测算农业转移人口市民化成本、成本构成如何、数额是多少、怎样分担、由谁分担、他们又如何筹措资金来承担这些成本，是有待于深入研究的问题。因此，本书基于相关统计数据，运用现代经济学研究工具和分析方法，对农业转移人口市民化成本的测算及分担问题进行系统的研究，为今后学者对此类问题的研究提供理论依据和重要参考。

（四）现实意义

1. 有利于充分认识市民化成本

农业转移人口市民化是关系我国未来经济持续增长和现代化建设全局的重大问题。要实现农业转移人口在城镇定居，就需要为其提供子女教育、医疗、就业培训、社会保障等基本公共服务，需要增加能容纳这些人口的基础设施、社会事业、生态环境等城市功能建设，将原本只覆盖本地城市居民的基本公共服务扩展到外来的农业转移人口。市民化的实质就是基本公共服务均等化的过程，在这个过程中，政府为提供更多的公共服务，必须增加更多的资金投入，这必然会产生相应的成本，企业和农业转移人口个人也需要分担一部分市民化成本[3]。另外，随着时间的推移，农业转移人口规模愈加庞大，他们如潮水般在城乡之间大规模流动，分享现代城市经济发展成果，增加了流入城市的资金投入，市民化成本也更加惊人。很多人包括各级政府非常担心市民化成本过高以至超出政府的承受能力。

本书通过设计比较全面的农业转移人口市民化成本指标体系，让人们了解市民化成本构成，并通过测算得知成本的规模有多大、已经分担了多少、还有多少需要分担，以便做到心中有数，消除对分担市民化成本的恐惧，在推进城镇化建设、保障农业转移人口权益和进行城市管理方面做到有条不紊、有的放矢，也让社会各界认识到政府和其他分担主体完全有能力承担这些成本，使全社会达成一致共识，齐心协力共同推进农业转移人口市民化进程。

2. 有利于合理分担市民化成本

农业转移人口市民化是农村转移人口在获得城镇户籍的基础上，享受与城镇居民相同的福利待遇，并逐渐融入城镇基本公共服务体系的过程，需要支付巨额成本。如何解决这一成本，不但影响相关利益主体对农业转移人口市民化的抉择，而且也影响我国农业转移人口市民化进程[4]。因此，市民化成本到底有多大、这个成本是否可以承受、成本由谁分担、如何分担、现有的分担机制是否合理有效、有哪些需要改进的地方，这一系列的问题就成为摆在我们面前急需解决的问题。成本问题既是总量问题，也是结构问题，它既涉及各级财政的支出结构，也涉及财政支出的区域结构。随着新型城镇化建设步伐加快，农业转移人口市民化成本分担便是第一个需要解决的问题[5]。

通过本书的研究，可了解现有市民化成本分担机制现状，明确运行主体及其分担的成本，政府、用工企业和农业转移人口个人的分担责任。找出现有分担机制存在的问题并提出优化建议，使各运行主体的责任分担更加合理，使机制的运行更加有效，使农业转移人口市民化成本能够被合理分担。

3. 有利于更好地筹集市民化成本资金

通过本书的测算和分析可以看出，市民化成本并非高不可攀，关键是如何合理地分担和筹集资金来解决这些成本，是由稳定的财政转移支付，还是落实到某个地方税种上？是完全依靠政府承担，还是可以利用社会资本？地方政府是否可以通过发行债券来筹集市民化资金？企业是否可以利用利润的一部分来承担市民化人口的社保费用成本？农业转移人口个人是否也可以利用自己的存款、土地等资产及务工收入，承担自己在城市的住房和生活成本？在现有的分担机制下，农业转移人口市民化成本没有被合理分担。本书提出机制优化和保障措施建议，有利于促使中央政府增加投入，激励地方政府分担市民化成本，对企业的社保缴费进行监管，同时激励农业转移人口个人更多分担自身市民化成本，使市民化成本得到合理的分担和解决，推进农业转移人口市民化进程。

4. 有利于政府政策的制定

农业转移人口市民化是促进转移人口在城镇定居、生活和融入的过程，是涉及政治、经济和社会多方面的综合工程，是一项高成本的改革。在推进农业转移人口市民化的过程中，成本的多少会直接影响政府决策，也会影响政府推动户籍改革的进程。政府为农业转移人口提供的每一项公共服务都包含着巨大的资金需求，离不开财政的投入，考验着政府的治理能力[6]。目前，农业转移人口没有享受到与城镇居民同样的福利和权利，他们在城镇务工经常面临就业不稳定、社会保障不足，无法在大城市定居，更无法融入城市生活。因此，在城镇化进程的必然趋势下，对农业转移人口市民化成本测算和分担机制的研究，能够为财政预算的编制与执行提供依据，还可以为政府城市发展规划的制定和政策出台提供参考，使规划更具有前瞻性，政策更具有可行性，从而更合理地安排我国农业转移人口转移落户的进程，促使农业转移人口市民化沿科学的轨道推进。

二、国内外研究综述

（一）国外研究综述

农业人口大规模向城市转移和国际移民向国内转移是西方发达国家早就经历的，移民如何融入当地的经济和社会生活也是这些国家面临的普遍问题。从人口迁移的本质来说，发达国家的农业人口城市化和国际移民本地化与我国农业转移人口市民化很相似，都是经济和社会发展不平衡的产物。移民相对于本国居民与我国农业转移人口相对于本地居民，都在社会保障、子女教育、就业、保障性住房方面存在差距，处于劣势地位，与当地社会融入方面都存在一定程度的文化冲突。所以，发达国家在解决农业人口城市化和国际移民本国化方面的很多经验和做法值得我国借鉴。对于农业转移人口市民化面临的成本问题，国外学者从不同角度进行了研究，类似的研究主要集中于移民迁入本国（本地）后，会产生哪些成本，政府应该为他们提供哪些福利和保障措施，以及为此提供怎样的财政支持。

Schults 认为劳动力在向城镇迁移的过程中会发生交通、住房、生活、心理等成本，这些成本既包括货币化的成本，也包括非货币化的成本，同时也会获得一定的收益，如迁移后货币收入的增加、社会关系的改善、个人心理的满足等，只有当收益大于成本时，迁移才会发生[7]。Vandana Desai 和 Rob ert B. Potter 都认为乡村人口向城镇迁移并最终市民化的过程中会在居住、教育、医疗等方面产生相应的社会成本[8]。

Hansen 和 Lofstrom 通过大量的数据分析后认为，进入瑞典的移民和本地居民之间可享受的社会福利具有明显的差距[9]。Borjas 和 Trejo 研究发现，移民在美国生活的时间越长，政府为他们花费的公共服务成本越多[10]。Camarota 经过测算发现，美国政府每年为外来移民提供的公共服务所花费的成本为104 亿美元，如果这些外来移民最终国民化，则公共成本开支将会达到 288 亿美元，主要是用于支付外来移民国民化后增加的公共服务项目支出[11]。Versantvoort 等通过社会成本效益分析后认为，进入荷兰的 25 岁以上的移民对当地的贡献是积极的，政府不需要投入太多的救济成本[12]。Ferber 认为由于年龄差异导致政府对第一代移民的福利成本支出要高于第二代移民[13]。Borjas 进一步研究表明，虽然移民的流入会使政府为他们支付的公共成本逐年增加，但他们为流入地的经济发展作出了积极贡献，平均贡献率会逐渐提高，最终会赶上或超过原住居民，从长期来看，移民的流入对当地的经济发展具有正向作用[14]。另外，Barrett 和 McCarthy 指出移民中那些文化素质和技术水平较高的人群是对经济发展起正向效应的主要群体，他们对经济发展和社会总福利的贡献要大于普通移民和原住居民，虽然政府为这类人群支出的公共成本很多，但是更高的经济收益会补偿政府的支出[15]。Oyelere 和 Oyoloa 的研究表明，由于美国不同移民群体的出生地、生活经历、接受的教育等的不同，他们对相同的成本政策和公共成本投入会产生不同的评价[16]。

Dörr 和 Faist 研究发现，无论是在住房、教育、就业等涉及移民生存和生活的方面，还是在社会参与、公民权利、观念意识等社会融入方面，流入人口与本地居民相比，在资源的获得和发展程度上都存在很大的差距。他们还以养老、医疗、住房与职业培训为重点，对一些发达国家的移民福利政策进行了比较，认为一个国家的政策环境不同会直接影响到移民在流入国的融入，并指出合法的居住身份（公民权）是决定移民能否从社会安全体系中获得各种社会福利的关键[17]。Cheng 和 Selden 将人口流动分为跨国流动和国内流动，在跨国流动中，东道国通过维持移民工人的过渡身份而达到生产成本最小化的目的；在国内流动中，政府通过维持农村移民在城市中的农民工身份来减少自身和企业的成本支出，使他们在城镇没有获得平等的公共服务，面临就业、住房及子女教育的障碍[18]。Hum 和 Simpson 认为移民在劳动就业、职业地位、住房条件、社会福利、经济收入、消费水平与消费模式等方面的经济融入，是他们实现在流入国完全融入的前提条件，也是移民融入的最重要内容，这种融入可以通过其与流入国居民的平均水平的差距来测量[19]。Weiner 认为福利国家接收的移民越多，经济负担越重，本国居民也认为移民的进入会危及他们自身的福利水平，因而他们对移民的进入是持拒绝态度的[20]。Castells 指出公共住房、交通、学校等属于公共物品，公共物品是一个国家生产和生活的必需品，具有社会福利性质，私人资本不愿投资，政府就应该成为主要的提供主体[21]。Harris 和 Giles 提出由政府建设大量住宅，向包括转移到城镇的农村人口在内的贫困人口出租，并给予津贴帮助，通过金融、法律、制度等综合支持，降低房屋价格以帮助他们拥有自己的住房[22]。Choguill 提出可持续性的住房政策，给予农村移民在内的贫困人口以家庭为单位的住房，消除城镇居民对他们的歧视心理，避免他们在经济和政治上被边缘化[23]。Wong、Yap[24] 和 Loo 等[25]、Yuen[26]、Wong 和 Guillot[27] 指出应借鉴新加坡的移民经验，由政府实施居者有其屋的住房保障计划，通过房屋发展局，建设大量的公共租屋，向外来人口和低收入者提供，用来满足外来人口的住房需求，政府以较低的价格征用土地用于公共租屋建设，关注公共租屋周围的居住环境和住房的居住质量，保证公共租屋周围基础设施的配套建设。另外，给予大量财政补贴，对居民购买组屋实行免税，并通过公积金制度，实行强制性住房储蓄，要求雇主和雇员各按雇员工资收入的一定比例缴纳公积金，用于购房，形成政府、企业和个人共同分担住房成本的成本分担机制。Kanemoto 指出应借鉴日本的经验，伴随日本战后经济进入高速发展时期，大量农民离开土地进城工作，日本建立了全国统一的社会保障体系和宽松的户籍管理制度，使新进城务工的农民与城市居民在养老、医疗和失业等社会保障方面享有相同的待遇和市民身份，并严格要求企业采用"终身雇佣制"，保障劳动者就业，避免农民在进城失地后再失业而陷入困境。同时，政府还通过财政拨款的方式对面积相对较小，租金很低的公营住宅建设进行大力支持和帮助，并将这些公营住宅提供给向城市大量转移的农村人口，由金融机构对他们租房、购房提供直接补贴与低息贷款，向房屋建设部门仅提供优惠贷款[28]。

Douglas 指出，由于受教育程度低，转移到城镇中的农民很难融合到城市社会中，欧美一些国家的法律规定企业可以雇佣童工，但同时也规定了童工每周的最长工作时间，还要求他们必须边工作边学习，学习费用由他们自己承担，他们必须到监护人为其选择的学校就读，并由企业主从他们的工资中扣除一部分用来为他们缴纳学费[29]。Skocpol 认为在一个国家的城镇化过程中，政府是主要的推动者和主导者，它们在整个城镇化过程中发挥着重要作用，各个国家不同层级的政府都是理性的行动者，它们在推进城镇化的过程中都有自己的预期目标，它们会通过制定一系列的社会政策来实现这些目标，并根据这些目标来决定提供各种福利项目的方式[30]。

归纳起来，国外文献关于移民的描述主要有三个方面：一是无论是农村人口向城市移民，还是外来人口向本国移民，都会发生交通、生活、住房等成本费用，只有当移民认为移入带来的收益大于所花费的成本时，移民才可能发生。二是在移民的过程中，不仅移入者会发生成本支出，移入国政府为了接纳这些移入者，也要增加投入，如政府建一些公共住房，为这些移入者提供价格较低的住所。三是本地居民对移入者通常是持排斥态度的，因为他们的流入影响了本地居民的福利水平。

（二）国内研究综述

2005 年以后，直接以农业转移人口市民化成本为主题的研究开始出现，但相对完整、详细的研究主要出现在近几年，学者们通过大量研究，形成了较为丰富的理论成果，主要有以下几个方面。

1. 农业转移人口市民化成本概念及构成

张国胜和谭鑫[31]、欧阳力胜[32]和张北平[33]认为，农业转移人口市民化成本是指农业转移人口在生产、生活方式、社会权力、身份地位及价值观等方面逐渐向城市市民转化并融入城市的过程中所必须投入的最低成本，主要包括城市生活成本、教育成本、社会保障成本、城市住房成本和基础设施成本。申兵认为农业转移人口市民化成本是指将只覆盖原城镇户籍居民的基本公共服务扩展到农业转移人口，实现基本公共服务均等化所需要的额外投入，主要包括对农业转移人口子女教育的投入、公共卫生领域的投入、就业扶持与权益维护方面的投入、社会保障投入及住房条件改善投入[34]。太原课题组认为农业转移人口市民化成本是指转移人口在向市民转化的过程中必须付出的费用或代价。这个成本既可以是有形成本也可以是无形成本，既有货币化的成本，也有非货币化成本[5]。胡桂兰等认为农业转移人口市民化成本是指农业转移人口转化为市民所必须付出代价的总和，即他们享受与当地户籍居民同等的养老、医疗、住房、就业、子女教育，以及各种公共服务待遇和权利所必须支付的代价[35]。曹兵和郭玉辉认为农业转移人口市民化成本是指那些已经离开农村和农业，进入非农产业和城镇的农业人口逐渐融入城镇成为市民的费用，主要包括私人发展成本（私人生活成本和城市住房成本）和公共发展成本（社会保障成本和城市内的基础设施成本）[36]。冯俏彬认为农业转移人口市民化成本应该是为保障那些现在已经在城市居住的农业转移人口能够"有活干、有学上、有房住、有保险"，将他们纳入城市公共服务体系以后，需要由政府支付的那部分新增财政资金，主要包括基础设施成本、随迁子女的教育成本、社会保障成本、保障性住房成本和就业成本等[37]。许召元等[38]、单菁菁[39]、魏澄荣和陈宇海[40]提出农业转移人口市民化成本是指能够实现转移人口在城镇定居并享有与本地市民相同的公共服务和权利所需的各种经济投入，包括政府成本、企业成本和个人成本。政府成本主要是指因农业转移人口市民化而增加的城镇基础设施建设费用，给予转移人口同等的基本养老、医疗、工伤等社会保险和福利的费用，为他们提供安居的住房建设费用及就业培训和随迁子女的教育费用等；企业成本主要是为转移人口缴纳各种保险并提供福利；个人成本主要是指农业转移人口个人在城市生活比在农村生活所增加的生活成本和城市住房成本。

2. 农业转移人口市民化成本的测算

中国科学院可持续发展战略研究组指出，每转变一个农民成为城市居民需支付公共发展成本为 1.05 万元/人，个人发展成本为 1.45 万元/人，总成本共为 2.5 万元/人[41]。张国胜等选择 43 个农业转移人口主要积聚城市为代表，以 2002—2004 年三年间的数据作为计算样本，构建市民化成本模型，计算出这些城市的人均私人生活成本、人均教育成本、人均社会保障成本、人均城市住房成本和人均基础设施成本，并经过分析得到东部沿海地区第一代和第二代农业转移人口市民化成本分别为 9.78 万元/人和 8.63 万元/人，内陆地区第一代和第二代农业转移人口市民化成本分别为 5.71 万元/人和 4.97 万元/

人[31,42,43]。周小刚利用 2005—2008 年的统计数据对江西省农业转移人口市民化成本进行测算并加总，得到江西省 2008 年农业转移人口市民化成本为439.97 亿元[44]。许召元、陈昌盛、金三林认为农业转移人口市民化成本就是对农业转移人口提供的公共服务成本，他们从义务教育、居民合作医疗保险、基本养老保险、民政部门的其他社会保险、城市管理费用和住房六个方面核算市民化成本，并对四个城市进行实地调研，根据调研数据分别计算出重庆、嘉兴、武汉和郑州的市民化成本在 7.7 万～8.5 万元，差别不大。同时，指出市民化成本特点，如市民化成本支出在短期和长期都存在，因为农业转移人口在没有市民化之前就已经享受了部分城市公共服务，所以在市民化以后增加的成本就不会太多等[38]。许玉明在重庆市户籍制度改革背景下，将制度改革背后隐含的巨大改革成本作为农业转移人口市民化成本，通过测算市财政为转移人口提供与原城镇居民均等化的公共服务所需要投入的资金和农业转移人口自身投入的生活成本和心理成本，然后将其加总得到总成本，并提出推进农业转移人口市民化配套制度改革的建议[45]。杜宇将市民化成本划分为个人成本和公共成本两部分，并构建成本核算模型，结合不同地域，把全国各城市按照GDP、市区人口、城市社会消费品零售总额等标准依次按级别由高到低划分为 A、B、C、D、E 五类，每一类城市选择两个城市作为代表，分别计算出2011 年各类城市的农业转移人口市民化的个人成本、公共成本和总成本并进行比较分析发现：A、B 类城市市民化成本高于 D、E 类城市，沿海城市市民化成本普遍高于内陆城市，农业转移人口可以是一次性转移行为，也可以是渐进式转移，政府在其中将承担较多的成本支出[46]。刘洪银认为，农业转移人口市民化宜选择内生主导外生推动的道路，即提升农业转移人口市民化能力为主导，政府政策激励为辅助，本着谁受益、谁分担的原则，城市政府作为最大的受益者就应该是农业转移人口市民化成本的主要分担者。计算 2010 年各省地市承担的农业转移人口市民化公共成本，结果显示，城市政府承担的市民化成本占本省一般预算支出比率平均为 2.7%，城市政府的财政能力完全有能力支付这些成本[47]。魏澄荣和陈宇海分别计算了 2010 年福建省和各设区的市农业转移人口市民化成本，其中福建省市民化成本为 164 402 元/人，并以厦门市、泉州市和宁德市作为大、中、小城市的代表，把它们的市民化成本分别进行比较，同时，提出农业转移人口市民化成本需要由政府、企业和农业转移人口个人共同承担的分担机制和具体推进对策[40]。陈一菲提出农业转移人口市民化总成本为公共成本、私人成本和企业成本加总之和，并分别计算了广东省东莞市、佛山市和中山市的市民化成本，均为每人每年 3 万多元，同时提出相应的金融支持建议[48]。《太原市农业转移人口市民化成本测算及其分担机制研究报告》课题组在不考虑农业转移人口的增长及价格变动的前提下，计算了太原市未来 10 年、20 年、30 年、40 年和 50 年的农业转移人口市民化总成本和年均成本，结果显示，如果这些成本完全靠政府解决，按照当前太原市政府的财力与国土收入情况，需要 30 年才能最终解决本市的农业转移人口市民化问题。因此提出了建立完善的市民化成本分担机制[5]。单菁菁将农业转移人口市民化总成本分为公共成本和私人成本两部分，并分别以 2011 年的数据核算出全国一个农业转移人口市民化公共成本为 13.1 万元/人，个人成本为 10.1 万元/人，再加上年均 1.8 万元/人，同时核算了东部地区、中部地区和西部地区的农业转移人口市民化成本，并提出建立多元化成本分担机制的对策建议[39]。陆成林认为，农业转移人口市民化成本在不同省份和同一省份之内的不同市县之间都是不相同的，即使在一个很小的范围内，市民化成本也不是一个固定的值，会存在一定的误差，因此它应该是一个区间值[3]。孙斌育等从农业转移人口市民化成本影响因素的视角出发，计算了河南省 2013 年省会城市、地级城市和县级城市的农业转移人口市民化人均成本分别是 8.77 万元/人、8.47 万元/人、6.96 万元/人[49]。傅帅雄等以北京市为例，对新型城镇化背景下农民工市民化近期成本和远期成本分别进行核算，并提出对策建议[50]。葛乃旭等对特大城市农民工市民化成本进行测算，并提出相应的解决思路和政策建议[51]。卫龙宝和王文亭对农民工市民化的总成本与总收益进行测算，并提出建立适合的成本分担机制[52]。

3. 农业转移人口市民化成本分担机制

张国胜和杨先明认为，农业转移人口市民化成本应由政府、企业和农业转移人口共同分担，支付成本所需资金可以从农村土地的流转收益、农业转移人口劳动创造的社会财富及城镇土地转让收益等方面获得，同时还应建立合理的分担机制来明确各主体的分担责任[53]。申兵指出，在农业转移人口市民化过程中，流入地政府不愿为流入的农业转移人口提供公共服务，中央政府又缺乏足够的激励措施。因此他提出建立成本分担机制，明确成本分担机制的内涵及思路，以及相应的配套措施[54]。杨先明认为，市民化就是拉平现实差距，实现均等化的过程，这样就必然会产生相应的成本费用，而长期以来农业转移人口收入偏低，由他们承担全部成本显然有失公平，需要政府、企业共同参与建立"三位一体"市民化成本分担机制，还要建立相应的保障措施[55]。高拓和王玲杰指出，应从"以人为本"出发，破除市民化过程中支付的成本制约、农业转移人口的能力制约及政府在各方面的制度制约，按照中央政府和地方政府各负其责的原则，形成政府为主，企业、农民工为辅的多元成本分担机制，同时建立一系列配套机制以保证成本分担机制的有效运行[56]。柳博隽指出，农业转移人口市民化需要投入相应的资金来解决市民化过程中所花费的成本，这些成本完全靠农业转移人口自身的能力来承担是很难实现的，需要政府和企业共同参与，各负其责，形成合力，才能完成市民化。政府应承担公共服务成本，企业应承担劳动保障成本，农业转移人口个人应承担城市生活成本[57]。辜胜阻指出，农业转移人口市民化是一项高成本的改革，进城人口就业机会的创造、生产和生活方式的转变，以及经济社会各方面的变化都需要大量的资金支持，为解决这一巨额的资金需求，一方面要建立市场化和多样化的投融资机制，另一方面要构建政府、企业和个人共同参与的市民化成本分担机制[58]。谌新民和周文良提出，农业转移人口市民化成本具有动态累积性、主体多元性和分层异质性的特点，需要多方共同分担，促进市民化的顺利实现，而成本分担的均衡点又是各方博弈的结果，在实施的过程中应赋权并设计合理的分担机制[59]。魏后凯指出，我国城镇化发展较快，但城镇化质量不高，进城农业转移人口市民化程度低，市民化需要花费的成本高，单纯依靠政府、企业或农业转移人口任何一方都是难以承受的，为此需要建立各方共同参与的多元化成本分担机制。中央政府可以采取"以奖代补"的方式支持农业转移人口流入地区做好此项工作。企业主要在农业转移人口的生产技能培训、保险费用和改善住房条件方面发挥作用，同时应保留转移人口在农村的财产权，并鼓励他们带资进城[60]。傅东平等认为，农业转移人口市民化成本包括个人成本、企业成本和政府成本，要有序推进农业转移人口市民化，必须构建中央政府兜底、地方政府主导、企业为辅助、农业转移人口个人为主体的市民化成本分担机制，同时还要处理好地方政府和中央政府之间、地方各级政府之间、政府与企业之间、企业与农业转移人口之间的关系，并进行一系列的制度改革，为市民化成本分担提供制度保障[61]。蔡瑞林、陈万明、朱广华认为，表面看政府承担了高额的农业转移人口市民化公共成本，而事实上农民土地权利在城乡要素不平等交换制度下，政府是大量土地收益的获得者，他们就应该将一部分收益反哺给农民和农业，应该分担农业转移人口市民化的成本[62]。黎红和杨聪敏分析了农民工市民化成本的责任主体与分担方式，厘清了成本分担中的五对关系，并提出构建农民工市民化成本分担机制，促进农民工市民化健康发展[63]。傅帅雄等分析了农民工市民化成本分担机制构建的难点、成本分担机制原则，提出了构建农民工市民化成本分担机制的方法及有关的政策建议[64]。

（三）评述

在以往对农业转移人口市民化成本分担的研究中，虽然计算的成本都是农业转移人口市民化过程中所需要支出的成本，但对市民化成本的构成不尽相同，多采用分类加总法。学者们对市民化成本分担的研究思路主要是先对市民化成本进行估算，得到一个数额巨大的成本。这个成本超出了任何一个主体的承担能力，所以研究得出应该由政府、企业和农业转移人口多主体共同分担，并对他们的分担责任进行划分。但是，农业转移人口市民化成本并不是没有分担，事实上，在现实生活中，各个主体已经或多或少地分担了一部分市民化成本，所以，关于市民化成本的分担，并不是不知道怎样分担的问题，而是分担机制存在一定的问题，无法很好地运行，从而影响了市民化成本最终得以很好的分担效果。基于此，本书对农业转移人口市民化成本分担机制中存在的问题进行剖析，并据此对市民化成本分担机制进行优化和改进。

三、研究内容和研究方法

（一）研究内容

本书的主要内容分为以下九个部分（章）。

第一部分，绪论。主要介绍了本书的研究背景、目的和意义，阐述了对农业转移人口市民化成本的研究能够解决我国现实中的哪些问题，通过对国内外研究文献及成果的整理，确定了本书的研究起点，阐述了主要的研究内容和研究方法，并提出了可能的创新和不足之处。

第二部分，相关概念界定和理论基础。对农业转移人口、农业转移人口市民化和农业转移人口市民化成本概念进行了明确的界定，并阐述了相关的成本理论、迁移理论等。

第三部分，农业转移人口市民化成本测算。首先根据学者们之前的研究选定农业转移人口市民化成本指标，并以2017年的统计数据为计算依据，对农业转移人口市民化过程中发生的各单项成本进行测算并进行加总，得出年总成本值和人均年成本，为市民化成本分担提供数据参考。

第四部分，农业转移人口市民化成本分担机制现状。包括运行主体、责任划分、分担机制的资金来源和运行效果。这一部分主要从成本总额、时间分布、空间分布和主体分布等方面测算农业转移人口市民化成本的已分担情况和未分担情况。

第五部分，农业转移人口市民化成本分担机制存在的问题。包括运行效率有待提高、分担责任划分不合理、资金投入缺乏针对性、激励作用不足、筹资功能发挥不力、监管力度不够等，影响了市民化成本的分担。

第六部分，农业转移人口市民化成本分担机制运行主体博弈分析。由于各主体都是理性人，他们都希望自己少分担成本，别人多分担成本，所以在市民化成本分担过程中存在利益的博弈和利益的调整，经过本部分的分析，为后面分担机制的设计提供参考。

第七部分，农业转移人口市民化成本分担机制优化。对不明确的分担责任进行明确，并设计了激励机制、筹资机制、补偿机制和监管机制，鼓励各主体积极分担市民化成本，努力筹集资金并对违规行为进行监管，以保障市民化成本的分担。

第八部分，农业转移人口市民化成本分担优化机制运行的保障措施。提出发挥中央政府的引导作用，带动其他主体的参与能动性；加强财税体制改革，对市民化成本分担给予制度保障，并加强信息化建设；保障市民化成本能够被合理地分担，促进农业转移人口市民化能够顺利推进。

第九部分，结语。对全书进行总结。

（二）研究方法

1. 文献分析法

农业转移人口市民化成本及分担是一个非常复杂的问题，涉及多个相关领域的知识，需要查阅大量文献资料。笔者通过各种学术期刊、著作、电子文献收集国内外相关文献，并在对现有文献进行梳理和分析的基础上，明晰中外学者就此问题取得的成果，并利用现有的成果，为自己的研究提供借鉴与依据，从而形成本书的整体思路和研究框架，也为本书得出正确的结论提供理论依据。

2. 访谈法

在构思本书的过程中，笔者经常找在城镇中务工和经商的农业转移人口进行深度访谈，了解他们面临的市民化阻力，还会找到企业的负责人和员工进行访谈，了解企业在用工过程中，是否愿意雇佣农业转移人口，是否愿意为他们缴纳社会保险费用，农业转移人口是否愿意参加社会保险及原因。同时，还给各个省市的人力资源和社会保障局打电话，咨询农民在参加城乡居民养老保险时，参加高档缴费和参加低档缴费人数的比例。

3. 分类加总法

本书主要采用分类加总法，即构建成本测算模型，通过参考经典文献，借鉴其他学者观点，选择代表性指标，引入统计数据核算单项成本，然后加总，得到市民化总成本，在计算过程中，采用了大量的数据资料，力求计算的全面性和准确性。

4. 博弈分析法

将博弈思想和模型引入市民化成本分担研究。企业在分担市民化成本时存在道德风险，需要建立监管机制保障市民化成本的分担。笔者在本书中建立了理性化的市民化成本分担主体博弈模型，利用最优反应函数来求解当市民化为各主体带来利益最大化时各主体的努力程度，发现各主体都是理性人，他们在分担成本的过程中都采取使自己支付最大化的策略。在这种情况下，市民化成本收益不能达到最大化，各主体也没有分担市民化的积极性，需要加强多方合作，才能实现市民化成本的分担。

5. 规范分析法与实证分析法相结合的方法

本书在成本测算部分采用实证分析法，通过测算了解农业转移人口市民化总成本都应该由谁分担、已经分担了多少、还有多少没有分担、分担责任是否合理。在本书的其他部分采用规范分析法，研究认为现实中成本分担进展缓慢的情况应该改变，应该设计合理的分担机制提高各主体分担的积极性，并增加他们分担市民化成本的财力。

（三）技术路线

本书的研究技术路线图如图 1-1 所示。

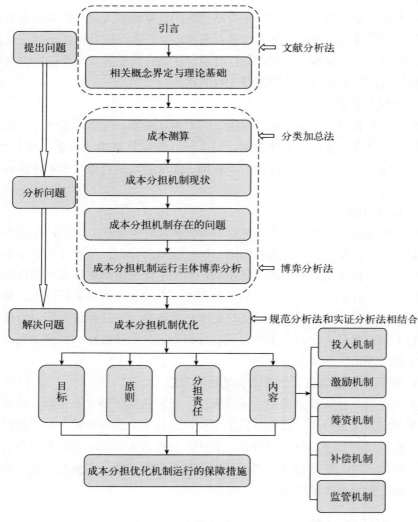

图 1-1　本书研究技术路线图

第二章 相关概念界定与理论基础

一、相关概念界定

（一）农业转移人口

农业转移人口从广义来讲有两方面的含义，一是指从农村进入城镇的人口；二是指从农业转移到非农产业的人口。这两者都以进城务工经商人员为主，但前者还包括以其他途径进入城镇的人口，如失地农民，通过升学、婚嫁进入城镇的人口；后者既包括在城镇从事非农产业的人口，也包括在乡村从事非农产业的人口。从狭义来讲，农业转移人口是党的十八大以来对农民工概念的替代，是指进入城镇或在本地乡镇企业从事非农产业的农村户籍人员，他们是自愿离开农业并从事非农生产的人，但他们的户籍性质仍然为农业户籍，他们虽然实现了职业转变，但他们并没有实现身份转变。按照他们的所在地分为本地农民工和外出农民工，由于外出农民工市民化难度更大，需要投入的资金更多，所以本书中的农业转移人口主要是指外出农民工[33]。

（二）农业转移人口市民化

农业转移人口市民化，是指农业转移人口在城镇获得非农就业岗位并实现职业转变的基础上，获得在城镇永久居住的身份和地位，与城镇居民平等享有公共服务和社会福利的权利，并最终取得城镇户籍而成为市民的过程[65]。这个过程不是简单的职业和身份的转换，而是确保进城农业转移人口在就业、住房、教育、养老、医疗等方面与城镇居民享有同等的权利和待遇的过程，即在城镇"有活干、有学上、有房住、有保障"[5]，其实质是公共服务的均等化，是农业转移人口全面参与城镇政治、经济、社会和文化生活，提升自身综合素质，并最终实现经济立足、身份认同、社会接纳和文化交融。农业转移人口市民化主要包括以下五个层面的含义。

（1）在城镇务工的农业转移人口能够进入正规劳动力市场工作，并且在工作中与本地市民同工同酬、同工同时、同工同权——矫正农业转移人口劳动的制度性贬值与基本权利缺失，能够得到相同的职业保护和认可，不受户籍和身份的歧视，可以和本地市民接受相同的职业培训。

（2）通过制度和政策修正，使农业转移人口可以与本地市民享受同等的基本公共服务，在住房保障、子女教育、参加社保、医疗卫生等方面与本地市民没有任何差别。

（3）农业转移人口与本地市民有同等参与政治活动和城市管理的各项权利，他们可以依据宪法享有选举权和被选举权，可以参与社区治理，对城市重大公共事务可以有与本地市民同样的发言权，可以同等地参加各种文化活动和社会活动。

（4）农业转移人口在城镇中永久定居和生活，能够与本地市民和谐融合，在相同的楼区居住，相互交往、相互信任，而不是被排斥或隔离在城中村。

（5）农业转移人口的心理心态和意识行为逐渐向市民转换，他们从没有归属感到逐渐在城镇定居，从被边缘化到逐渐融入城镇，在政府和社会的积极努力下，农业转移人口不断转变自身的社会交往方式，逐渐向本地市民靠拢，并逐渐适应城市文明，逐渐成为城市中实实在在的一分子。

因权利行使、生活方式转变及社会融合很难量化，因此，本书中，农业转移人口市民化成本测算及分担中的市民化成本主要是指基本公共服务均等化。

（三）农业转移人口市民化成本

1. 农业转移人口市民化成本内涵

农业转移人口市民化成本，主要是指农业转移人口从农村进入城镇再到在城镇定居生活并获得相应福利待遇和均等化公共服务所需进行的各种经济投入[33]，包括农业转移人口在身份、地位、社会权利、生产生活方式、价值观念上全面向城镇居民转化并顺利融入城镇社会所必须投入的最低资金量[31]，即保障进城农业转移人口人有所载、劳有所得、住有所居、学有所教、病有所医、老有所养，全面享受城镇居民所拥有的各种公共服务和基本权利，并逐渐适应社会经济、融入城镇生活所必须投入的最低资金量，即农业转移人口转化为市民所必须付出代价的总和，是农业转移人口从农村进入城镇，由非市民向市民转化的整个过程中所发生的所有成本。具体包括：①农业转移人口自身的生活成本；②能够承载农业转移人口的城镇市政设施建设成本；③帮助转移人口就业的劳动就业成本，本书中主要是指就业培训成本；④农业转移人口能够有稳定居所的住房成本；⑤保障随迁子女都能在公立学校就学的教育成本；⑥农业转移人口自身的各种社会保险成本等。

2. 农业转移人口市民化成本特征

（1）分层异质性。农业转移人口是异质的，至少从地域上可以分为外出农业转移人口和本地农业转移人口。二者都具有农村户籍，都可以享受承包土地的经营收益和流转收益，都可以享受村集体土地的分红收益，还可以享受新型农村养老保险和新型农村合作医疗保险。本书中的农业转移人口是指外出农业转移人口（外出农民工）。相对于本地农业转移人口，他们要想在务工地落户定居就需要承担更大的生活成本和住房成本，也就意味着他们承担的市民化成本会更高，而且他们还不能享受到集体土地直接参与城镇化的收益，更无法享受承包土地参与城镇化的收益，没有与本地农业转移人口一样坚实的财产基础，他们只能靠打工的工资收入参与成本分担，需要政府在市民化过程中给予更多政策倾斜和财政支持，帮助他们实现市民化转型[53]。

（2）主体多元化。农业转移人口市民化成本是二元体制改革的产物，是在农业转移人口与城镇原住居民共同对社会作出贡献的同时，给予他们平等的公共服务所花费的成本。农业转移人口市民化对国家、流入地、流出地、企业和社会都会产生积极的影响，因此市民化成本不应该由农业转移人口独自承担，而应该由政府和企业与他们共同分担，其成本分担主体应该是多元的[55]。

（3）动态累积性。农业转移人口市民化是一个分批推进、逐步完成的过程，不可能一蹴而就，其成本支出也不是一次性投入就能完成的，也是一个长期的、动态的过程。在这个过程的不同时期，农业转移人口市民化成本存在很大的差异，随着时间的推移，单个农业转移人口的市民化成本会增加，导致农业转移人口市民化总成本也会更加庞大。这一方面是由于农业转移人口享受的单项公共服务水平会越来越高，另一方面是由于农业转移人口享受的公共服务的范围也会越来越大。如果按照某个年份的当期成本简单叠加必然会造成不同时期测算的总成本是不准确的，会产生一定的误差，这意味着市民化成本具有动态累积性[65]。以农业转移人口的养老保险为例，农业转移人口在务工地可以参加职工基本养老保险。在此期间，他们每个月都要按照工资额的一定比例缴纳养老保险金，而此时，他们身强力壮，并没有达到国家法定退休年龄，不需要政府向他们发放养老金，政府也不会增加开支，可是当他们退休需要领取养老金的时候，他们领取的养老金有可能远远多于其本人缴纳的养老保险中个人统筹部分的数额，这就需要政府财政进行补贴，具有明显的动态累积性[66]。

（四）农业转移人口市民化成本分担

农业转移人口市民化成本分担主要是指农业转移人口市民化成本由谁支付及如何支付的问题，即农业转移人口市民化成本如何在政府、企业和个人之间合理分担的问题，是基于农业转移人口获得与城镇原住居民相同的公共服务水平所需的价格补偿。农业转移人口市民化成本分担主要解决农业转移人口市民化成本由谁支付及支付多少的问题。中央与地方政府，以及企业和农业转移人口作为受益方，应根据各自的财力状况对农业转移人口市民化过程中发生的各种费用进行合理分担。政府通过财政拨款的方式分担市民化成本，企业通过按利润一定比例提留的方式分担市民化成本，个人通过工资收入和个人财产来分担市民化成本。

（五）农业转移人口市民化成本分担机制

"机制"一词来源于自然科学，原指机器的构造和工作原理，即机器由哪些部分组成、机器是怎样工作的、为什么要这样工作。后来"机制"一词被生物学和医学引用，指生物机体各组成部分通过相互联系、相互作用、彼此协调地运行来共同实现总体功能，并达到最终目标的一个综合体。再后来，机制被引入社会科学领域，主要指有机体的构造、功能和相互关系，是一般事物内部各组成要素之间相互联系和相互制动的过程，是事物内在的工作方式，包括有关组成部分的相互关系及各种变化的相互联系。在事物各个组成部分存在的前提下，如何协调各个部分之间的关系是我们经常面对的问题，而要解决这类问题就必须有一种具体的运行方式。机制就是以一定的运作方式把事物的各个部分联系起来，使它们协调运行而发挥作用的。简单地说，机制就是制度化了的方法。机制是较为固定并经过实践检验证明是有效的方法，是不因人的变动而变动的；机制的构建是一项复杂的系统工程，建立的过程中一靠体制，二靠制度，通过与之相应的体制和制度的建立（或者变革）来实现机制的建立或完善，并且各种体制和制度的改革和完善都不是孤立进行的，而是相互呼应、相互补充和相互交融的，所以机制本身含有制度的因素，要求所有相关人员遵守；机制是靠多种方式方法起作用的，并在有效方式、方法的基础上总结和提炼的，具有系统化和理论化的特点，可以有效指导实践。

随着机制一词经常出现在报告、文件、法规当中，也经常出现在新闻和报道当中，学者们对各种机制的研究也越来越多，机制一词逐渐成为学术界的热门术语。从各种学术成果中可以看出，不同的学者对机制的理解存在差异。因此，在研究农业转移人口市民化成本分担机制之前，对机制的概念进行界定是非常必要的。

综上所述，机制在社会学中的内涵可以理解为：一个工作系统的各个组成部分之间相互作用的过程和方式，包括有机体的构造、功能和相互关系三部分内容。构造也就是结构，即有机体的各个组成要素；功能即有机体在有规律的运动中所发挥的作用；相互关系则指各组成要素相互作用的方式，即工作原理。可见，结构、功能和原理是机制构成的三要素，缺一不可。

农业转移人口市民化成本分担的过程是一个各组成要素相互联系、相互制约的过程，也是农业转移人口市民化成本得以合理分担并最终解决的过程。因此，农业转移人口市民化成本分担机制是指构成农业转移人口市民化成本分担体系中各组成部分的相互关系及其运行机理的综合体，其体现的功能就在于通过农业转移人口市民化成本分担机制，化解农业转移人口市民化面临的成本障碍，使农业转移人口市民化得以顺利实现。

具体来讲，在农业转移人口市民化成本分担过程中，中央政府、地方政府、企业和农业转移人口个人共同构成了农业转移人口市民化成本分担系统中的主体要素，他们是市民化成本分担过程的共同参与者。因此，农业转移人口市民化成本分担机制的设计，就是要建立起成本分担主体之间的互动共生关系，使它们能够相互协调、相互促进，实现分担责任在各主体之间的合理划分，提高各分担主体的分担能力和分担意愿，满足农业转移人口市民化成本分担的需要。

二、本书的理论基础

（一）二元经济理论

1954年，美国经济学家刘易斯在发表于《曼彻特学报》上的论文《劳动力无限供给条件下的经济发展》中首先提出了二元经济结构模型，揭示了发展中国家并存着两种不同的经济体系，这两种体系相互影响、相互制约，构成了"二元经济结构"（dual-sector-model）[67]。二元经济结构理论是发展经济学的奠基性理论之一，该理论非常精辟地分析了农业剩余劳动力向工业部门转移的原因和过程，很好地解释了发展中国家二元经济发展机制及其运行规律，是非常经典的理论模型。按照刘易斯的这个理论（也称刘易斯模型），发展中国家同时存在着以现代化方法进行生产的资本主义工业部门和以自给经济为基础的传统农业部门，并以人口众多的传统农业部门生产为主。农业部门通常利用土地等不可再生性资源，采用传统方法进行生产，由于土地资源十分有限，资本稀缺且投入较少，农业生产技术简单并且很难有大的突破，人口增长迅速，劳动力资源十分充足，劳动的边际生产率很低，有时甚至趋近于零。这意味着当生产达到一定数量以后，每增加一个劳动力的投入所增加的产量几乎为零，这部分过剩的劳动力被称为"零值劳动力"，他们对生产毫无贡献，他们的参与甚至会妨碍别人的劳动，即劳动力与其他生产要素相比数量过剩，较低的劳动生产率决定了农业劳动者的收入水平也较低，即便在工资降低到仅够维持生存的水平时，劳动的供给仍然超过需求，说明劳动力存在无限供给[68]。正是由于大量零值劳动力的存在，才导致农业部门长期处于较低的经济发展水平。工业部门可以利用可再生性的生产资料，采用现代生产方式，生产出无限多的产品，生产速度的提高可以超过劳动力的增长，劳动产出大于工资总量，劳动生产率高，收入也高，且劳动力的边际生产率高于农业部门，工人的工资水平也明显高于农业劳动者的收入水平，这必然吸引农业劳动力向工业部门流动。根据刘易斯的二元经济结构理论，现代工业部门的工资水平取决于维持生计的农业部门劳动者的收入，农业部门劳动力的收入水平直接决定了工业部门工资的下限。另外，现代工业部门多处于城市，这意味着从农业部门进入工业部门工作的劳动者同样从乡村走向了城镇，他们要承受城镇较高的生活费用及融入城镇的各种物质和精神（心理）成本。工业部门支付的工资既要包括农业部门的收入水平，还要包括上面这些成本，所以工业部门支付的劳动力工资都会以农业部门劳动者的收入为基础，或略高于这一水平，并保持不变。对于这样的工资水平，农业剩余劳动力通常都会接受，会选择到工业部门去工作，使工业部门的劳动力供给趋于无限，工业部门只需支付较少的工资就可以获得廉价的农村劳动力供给。这样工业部门在生产中支付的工资成本较少，获得的剩余产出较多。当把这些剩余产出再投资进行扩大再生产时，这一部门的资本存量就会增加，对劳动力的需求也会增加，吸收到工业部门的农业剩余劳动力就会越多，进而继续推动工业部门的扩大，直到农业剩余劳动力全部被现代工业部门完全吸收为止。同时，传统农业部门也随着剩余劳动力的不断转移，劳动生产率的不断提高，开始向现代农业转变，逐渐形成一个良性运行的过程，这一过程是现代工业部门不断扩大，传统农业部门不断缩小的过程，也是工业化和城市化逐渐实现的过程。这时，工业劳动者的工资和农业劳动者的收入都将随着投资增加而逐步提高，并逐渐接近，工农业趋向均衡发展，二元经济结构逐步消减，逐渐转化为一元经济[69]。

发达国家工业化的经验基本上可以验证刘易斯模型的正确性。刘易斯模型论证了工业化的发展与劳动力转移、资本积累和自身扩张之间的联系，为发展中国家通过现代工业扩张逐渐吸收农业剩余劳动力，促使农业部门改进，并逐渐与工业部门劳动生产力水平接近，从而消除二元经济结构，最终实现工业化道路提供理论和实践指导。但是刘易斯模型也有它的缺陷，首先刘易斯认为传统农业部门存在边际生产率为零的农业剩余劳动力，劳动力无限供给，可这与现实不符。其次，刘易斯认为现代工业部门实现了充分就业，不存在失业，剩余劳动力转移停止前工资为制度工资并保持不变，事实上很多发展中国家城市大量失业和农业劳动力转移并存；最后，刘易斯只强调现代工业部门的发展，而忽视传统农业部门的改进，认为现代工业部门是经济发展的主导力量，传统农业部门只是处于从属地位，没有认识到两部门协调发展的重要性，也没有认识到农业劳动生产率提高和农业剩余产品增加是促进农业劳动力转移的前提。农业部门不仅可以为工业部门提供丰富的劳动力，农业剩余产品（农业产出与农民自我消费量之间的差额）还可以为工业部门提供基本生产原料，如果传统农业部门不能与工业部门同时发展，农业剩余产品少，所提供的农产品不足以满足工业扩张的需要，现代工业部门的发展就不可能持续，劳动力转移也会停止[32]。

1964 年，费景汉和拉尼斯对刘易斯模型进行了修正，完善了刘易斯的二元经济理论，并在《劳动剩余经济的发展》中提出农业部门由于生产率提高会出现劳动力过剩，这是导致农业劳动力向工业部门转移的直接原因。他们提出提高农业生产技术和农业部门的劳动生产率，促进工业、农业两个部门均衡增长，是消除二元经济结构的重要手段[70]。他们首先将农业部门的剩余劳动力分为两部分：第一部分是劳动的边际产量为零的那部分农业剩余劳动力，他们的存在不会增加农业总产出；第二部分是虽然劳动的边际产量不为零，但他们的产出不能满足自身的消费需求的剩余劳动力。他们认为农业劳动力向工业部门的转移必须经过三个阶段：第一阶段是劳动的边际产量为零的农业剩余劳动力向工业部门转移，他们的转出不会使农业总产出减少，只要工业部门付给他们的工资相当于他们在农业部门的所得，他们就愿意转移。在这一阶段，只要工业部门的发展对劳动力有需求，农业剩余劳动力就会源源不断地向工业部门转移，从而促进工业部门的资本积累和规模扩张，这时农业剩余劳动力的供给是无限的。第二阶段是当第一部分农业剩余劳动力已经全部转移到工业部门以后，第二部分农业剩余劳动力由于受到吸引也开始流向工业部门，由于这部分劳动力的边际产量不为零，当他们转出以后，就会引起农业总产出减少，农产品（尤其是粮食）的价格上涨，工业部门要想吸纳更多的农业转移劳动力来使用，就必须提高他们的工资，付出更高的劳动力使用成本，这必然影响自身的积累和扩张，反过来又会减少对农业剩余劳动力的需求和吸纳。因此，这一阶段必须通过提高农业劳动生产率来增加农产品产量，以弥补由于那些并不完全过剩的农业劳动力转出而减少的农业产出。第三阶段是当农业部门不再有剩余劳动力时，劳动力资源是流向农业部门还是工业部门，取决于两部门给出的竞争性工资水平，农业部门不仅向工业部门提供劳动力生产要素，还提供农产品作为生产原料，当工业部门发展到一定水平的时候也要反过来反哺农业，实现工农两部门共同协调发展[71]。

费景汉-拉尼斯模型克服了刘易斯模型中忽视农业发展的不足，同样认为城市工业部门不存在失业，资本积累越多，就业机会就越多，技术越进步，劳动生产率越高，工业部门越发展。同时他还提出人口增长会阻碍二元经济结构的转换，可是发展中国家大量失业的存在，又是这一模型无法解释的。

1961 年，美国经济学家乔根森提出了新的二元经济发展模型[72]。他认为不发达国家一般存在两种性质不同的结构或部门，即现代工业部门和落后农业部门，农业剩余是农业剩余劳动力转移的前提条件。随着农业技术的不断发展，落后农业部门的粮食供给快于人口增长的最大值时，就会出现农业剩余，农业剩余的出现会引起农业劳动力向工业部门转移，农业剩余越多，劳动力转移规模越大[73]。该模型否认了落后农业部门中存在边际生产率等于零和虽然大于零但低于实际工资的劳动力存在。农业人口向城镇工业部门转移的过程中，工资水平是不断上涨的，而不是固定不变，农业剩余的多少直接决定了农业剩余劳动力转移的规模和工业部门的发展。

（二）人口迁移理论

人口迁移的概念在国际人口科学联盟编写的《多种语言人口学辞典》中有明确的定义。人口迁移是指人口居住地由迁出地到迁入地的长期或永久性的改变，是人口在两个地区之间的空间移动。这一定义说明，人口迁移必须同时具备两个属性：一是人口迁移的时间属性，人口迁移必须是长期或永久性的行为，短期性的人口外出或通勤活动带来的居住地改变不称为人口迁移；二是人口迁移的空间属性，人口迁移是指必须从原住地迁出一定距离。随着人们对人口迁移问题研究的不断深入，人口迁移理论也逐渐发展和完善，已形成几个支流，大体包括四种基本理论。

1. 人口迁移法则

拉文斯坦（E. G. Ravenstein）的人口迁移法则是公认最早的人口迁移理论。早在十九世纪七八十年代，英国学者拉文斯坦就开始对人口迁移规律进行研究，并于 1876 年在《地理杂志》上发表相关论文[74]。1885 年和 1889 年他又分别在自己的论文中阐述了自己关于人口迁移规律的研究，提出了促进人口迁移的一般法则。他提出人口迁移是在地区经济差异持续扩大的前提下，为了获得更高的经济收入，获得更好的生活水平而引发的人口在空间位置上的移动[75]。在现实生活中，交通和通信的发展、制造业和商业的发展、文化教育事业的发展及婚姻家庭状况都会影响到人口的迁移，地区的区位条件、产业结构及国家有关人口政策的实施也会影响到人口的迁移。合理的政策会促进人口迁移。不合理的政策会阻碍人口迁移[76-78]。移民的数量还与迁移的距离远近相关。通常移民人数随着迁移距离的延长而递减，最后真正能定居下来的人只是少数。中国各省区的人口迁移主要是从经济落后地区向经济发达地区迁移，并且越是邻近省份的短距离迁移人数越多[79]。人口迁移为迁入地提供了大量的劳动力，为迁入地创造了大量的社会财富，拉动了迁入地的消费需求，促进了迁入地的商品流通，促进了迁入地的经济增长，也有利于迁入地第三产业的发展，但同时也会增加迁入地的公共设施负担，如造成迁入地交通拥堵、福利下降[80]。人口迁移也会缓解迁出地的人地矛盾，促进土地的流转和集中，实现规模化经营，实现土地资源的集约利用，但同时也会导致迁出地具有熟练技能与高文化水平的劳动力外流，造成迁出地劳动力短缺，并使迁出地的抚养、教育费用受到很大损失。

2. 城乡预期收入差异理论（托达罗人口流动模型）

美国经济学家托达罗进一步发展了劳动力转移理论。他认为农业剩余劳动力是否向城市现代工业部门转移取决于城乡预期收入差异的大小，而城乡预期收入差异又由城乡实际收入差异和迁移者在城市就业的概率两方面的因素决定。差异越大，农业剩余劳动力向工业部门转移的意愿越强烈，转移人口就越多，农业转移人口数量有可能超过城市新增就业岗位的数量，导致过度城市化和高失业率，反之则越少，当差异趋于零时，劳动力转移便会停止。在他看来，城市中的劳动力市场分为两个部门，即正规工业部门和非正规部门。迁移到城市的农业剩余劳动力由于缺乏相应的科学文化素质和专业技能，只能在非正规部门就业，随着自身就业技能的提升，会逐渐在正规工业部门找到稳定的工作[81]。托达罗人口流动模型建立了人口迁移数量与城乡预期收入差异之间的关联关系，合理地解释了城市失业和人口流动并存的看似矛盾的现象，正确反映了劳动力在比较经济利益的驱动下向较高收入地区或部门流动的理性经济行为。根据托达罗理论，发展中国家城乡发展不平衡，城乡收入差距必然存在，必将导致大量农业劳动力流向城镇就业[82]。

3. 推—拉理论

1956 年，美国学者唐纳德·博格提出了备受关注的推—拉理论。该理论假设每一个迁移者对迁入地和迁出地的就业、生活和其他信息都是了解的，并可以根据自己掌握的信息作出是否迁移的理性选择。推—拉理论认为迁出地（农村）的推力和迁入地（城市）的拉力促使人口（农业劳动力）向城市转移就业，并从事非农产业，人口迁移是迁入地的拉力和迁出地的推力共同作用的结果。唐纳德·博格还在 1969 年总结了农村推力的 12 个方面因素和城市拉力的 6 个方面因素，农村中的一些不利因素是促使劳动力向城市迁移的推力。例如，农村土地资源有限、农业比较效益和收入水平低、农村存在大量剩余劳动力、农村公共物品提供得少、缺乏社会保障。城市中的有利条件是促使劳动力迁移的拉力，如城市较多的就业机会、较高的工资收入、良好的生活环境、完备的基础设施、较好的子女受教育条件、较高的社会福利和完善的社会保障及住房保障。当然，迁移者在农村生活可以享受家人共同生活的快乐、工作技能熟练、生活和社交环境熟悉，如果迁移到城市，在享受城市有利条件的同时，还要面对城市中原住居民的歧视、就业和收入不稳定、重新建立新的社会关系。因此，迁移者总是根据迁入地和迁出地的有利条件和不利条件，通过衡量自身的利益得失来作出是否迁移的决定。

1966 年，伊沃里特·S. 李发表了《人口迁移理论》一文。该文刊登在英国杂志《人口学》上。文中指出与迁入地相关的因素、与迁出地相关的因素、中间障碍因素及迁移者个人的因素都会影响到人口的迁移。与迁入地相关的因素往往是迁入地具有的吸引人口迁入的有利因素，是对人口迁移的拉力。与迁出地相关的因素往往是人口在此地工作和生活的不利因素，是促使一个人离开此地的推力，拉力和推力是两个相反方向的力，也是同时存在，共同对迁移起作用的两个力。迁出地和迁入地的推—拉因素既包括客观方面的因素。也包括心理方面的因素。中间障碍因素往往是人口迁移的过程中面临的各种阻碍力量，迁移障碍因素的多少及其被解决的程度会直接影响到人口迁移决策。迁移者个人的因素则反映了不同人群自身的条件，以及面对阻力会有怎样的反应，能够作出怎样的评估和决定。迁移者越年轻，迁移意愿越强烈，迁移者年龄越大，越不容易迁移。只有那些迁移动力强并能克服迁移阻力的人才能最终完成迁移过程，人口迁移是这四个因素共同作用的结果。人口迁移数量会随着时间的延长和经济的增长而增加，当迁入地各方面条件越优于迁出地时，迁移越容易发生，迁移人数越多；当迁入地经济下滑，各方面条件不再优于迁出地时，迁移者就会产生回流[83,84]。

4. 成本—收益理论

1960 年，舒尔茨提出了人口迁移的成本—收益理论。该理论认为人口是否迁移取决于迁移后的预期收益与迁移成本的比较。所谓迁移后的收益包括在迁入地可以获得较高的工资，可以享受当地的各种福利，可以享受迁入地良好的教育资源和医疗资源及便利的交通和基础设施等。迁移成本包括两方面，一方面是指迁移者在迁入地的就业、生活、交通、住房等方面的货币成本支出及心理融入等非货币成本支出，另一方面是指所丧失的迁移前的平均收入，只有当收益大于成本，即当收益大于零时，迁移才会发生，否则，就不会发生迁移。

（三）公共服务均等化理论

1912 年，法国学者莱昂·迪骥最早提出了"公共服务"的概念。1920 年，庇古以社会经济福利最大化为目标，提出个人经济福利是可以用货币计量的，一个人实际收入的增加会使其满足程度增大，而作为全社会的总福利等于全社会个人经济福利的简单加总，因而社会总福利可以用国民收入量来表示，国民收入总量越大，一国的经济福利就越大。同时，依据货币收入的边际效用递减规律，富人货币收入的边际效用一定小于穷人货币收入的边际效用，这意味着如果把富人收入的一部分转移给穷人，则穷人由此增加的效用（即个人福利）就会大于富人由此损失的效用（即个人福利），故这种收入转移的结果将增加总的社会福利，即国民收入分配越均等，一国的经济福利也越大，因此，社会总福利是由国民收入的数量和国民收入分配的均等化程度决定的。庇古的这些观点为公共服务均等化提供了理论基础，由于公共服务是由政府财政收入来提供的，而政府财政收入又是国民收入的一部分，特别是当政府财政收入占GDP比例较高的时候，一国的公共服务资源就主要由政府掌握，政府就成为公共服务的主要提供者，并通过财政支出等手段予以配置，政府应当通过公共服务均等化来实现全社会福利最大化[85]。

我国基本公共服务均等化的提出和研究都比较晚，主要集中在近十几年。我国公共服务均等化的研究最早出现在2003年，史磊[86]、梁积江和黄勇[87]、楼继伟[88]分别在他们的论文中都提到政府财政转移支付制度有利于公共服务均等化的实现。2005年，中共十六届五中全会通过的"十一五"规划建议中提出了按照公共服务均等化原则促进欠发达地区的经济社会发展，这是我国首次提出公共服务均等化的概念。2006年，中共十六届六中全会又进一步提出完善公共财政制度，逐步实现基本公共服务均等化，正式提出了基本公共服务均等化的目标和任务。之后，很多学者开始了对基本公共服务均等化的研究，如金人庆[89]、刘尚希[90]、迟福林[91]、刘学之[92]等，逐渐形成了基本公共服务均等化理论。

基本公共服务均等化理论认为，基本公共服务均等化是指在一定社会共识基础上，为保护个人最基本的生存权和发展权，实现人的全面发展，由政府根据一国经济社会发展阶段和总体水平，使用公共权利或公共资源无条件地为所有居民提供的大致均等的公共服务。其目的就是要逐步缩小城乡之间、不同区域之间及不同群体之间的公共服务差距，使人人都能享受到均等的基本公共服务[93]。

这里所说的基本公共服务是指与民生密切相关的基本社会条件，是为维持本国社会正义和凝聚力，以及经济社会的稳定，满足公民对公共资源的最低需求，并覆盖全体公民，是人们对公共服务中最基础、最迫切的需求部分，也是每一个居民都有权利享受的部分[94]。基本公共服务所体现的是政府的一种公共精神，是保障全体社会成员能够更好地生存和发展的一种价值观念[95]。一个社会的基本公共服务水平会随着经济发展和人民生活水平的提高而逐步提高，服务范围也会逐步扩大[96]。这里所谓的均等化是指均衡相等，是在逐渐调节和平衡的过程中最终达到相等。当然，这里的相等不是绝对的相等，而是大致相等。这里的均等化包括两方面的内容：一是机会均等，是指全体居民享受基本公共服务的机会是相同的；二是结果均等，是指全社会的每一个居民都可以享受到数量和质量大体相等的基本公共服务，无论他是在城市还是农村，也无论他在任何一个省份或地区，更无论他属于任何一个居民群体。均等化的标准有三种理解：一是最低标准，即全体居民都有享受国家最低标准的基本公共服务的权利，按照这个标准，政府应该为全体国民提供最低限度的基本公共供给，为国民提供一个最低标准的福利和保障；二是平均标准，即政府按照平均水平为国民提供基本公共服务，这里的平均水平，既可以选择用一个国家中等收入省份的平均数，也可以选择用全国各个省份的平均数；三是相等的标准，即全国各地基本公共服务水平结果均等[97]。所以，政府在为国民提供基本公共服务时，要根据国家当时的经济发展水平和财力而定。当财力有限的情况下可以提供低标准的基本公共服务；当经济发展了，可以提高基本公共服务水平，达到中等水平；当经济进一步发展和财力进一步增加时，全国各地区的基本公共服务水平会趋向一致，结果均等。从维度看，均等化可以分为横向均等与纵向均等，横向均等是指区域之间的均等；纵向均等是指上下级政府提供的基本公共服务水平大致均等。基本公共服务均等化主要指横向均等，同时也包含纵向均等[98]。

该理论还认为，引起一个国家基本公共服务不均等的原因主要有两方面。一是二元经济结构和财政纵向不均衡导致城乡基本公共服务不均等。在城乡二元经济结构下，城镇居民的义务教育、养老、医疗等都有相应的制度保障，背后也有强大的政府财政作为资金保障。在农村地区，农村居民的公共服务供给主要由地方县、乡政府提供，政府筹资主要是体制外进行，农民承担了大量的供给责任。农业税免除后，县、乡政府的财政收入减少，对农村公共服务投入能力不足，致使农村居民与城镇居民的基本权利和发展机会不平等，城乡基本公共服务不均等。同时，我国分税以后，各级政府间财权划分不合理，导致基层政府财力不足。1994年的分税制改革把税种在中央和地方政府之间进行了划分，那些主要的、收入高的、好征收的税种划归了中央财政，如关税、企业所得税等；那些零散的、收入少的、不稳定的、难以征收的税种划归了地方财政。通过这次分税制改革，中央政府的财权扩大，导致财富迅速积聚到了中央政府，收入在全国财政总收入的比重越来越高；地方政府的财权缩小，财政增长缓慢，收入在全国财政总收入的比重逐年下降，中央财权的高度集中制约了地方政府的财政能力。分税制改革只明确了中央政府和省级政府的财权关系，并没有明确省以下各级政府的财权关系，省以下政府受到上级政府过多的财政管制，财权越来越小，提供基本公共服务的能力越来越弱。再加上财权上移的同时，事权又逐渐下移，很多基本公共服务以地方统筹为主，地方政府尤其基层政府是基本公共服务的主要供给主体，而基层政府没有主体税种，也没有举债权，财政收入极其有限，再加上转移支付不到位，致使乡镇等基层政府的财政紧张、捉襟见肘，根本没有能力保证农村公共服务的有效供给，无法为农村居民提供与城镇居民水平相同的公共服务，最终导致城乡基本公共服务不均等[99]。二是财政横向不均衡导致区域基本公共服务不均等。根据政府的事权划分，我国公共服务主要是由地方政府分级供给的，如就业服务、社会保障服务等，除了国家很少数额的财政拨款外，同样的公共服务，在不同地区将由不同的地方政府来提供，因此，各地区公共服务提供的数量和质量严重依赖当地政府的财政收入状况。我国目前区域经济发展不平衡，各地区财政收入差距较大，使各区域政府的基本公共服务供给能力存在较大差距。经济发达地区政府的财政收入较多，基本公共服务供给能力较强，在基本公共服务方面的投入较大，人均基本公共服务水平较高，而经济欠发达地区政府的财政收入较少，基本公共服务供给能力较弱，在基本公共服务方面的投入不足，人均基本公共服务水平较低。各地区财政横向不均衡是导致基本公共服务区域不均衡的直接原因，同时，基本公共服务的区域不均衡也会阻碍人力资源的合理流动和农业转移人口市民化[100]。

（四）成本分担理论

1986 年，美国著名的经济学家和教育学家 D. B. 约翰斯通最先在高等教育领域创立了成本分担理论。美国加利福尼亚州在 20 世纪 60 年代制定的高等教育发展规划中最早使用了"成本分担"的概念，只是这一概念仅在加利福尼亚州范围内使用，没有在加利福尼亚州以外传播。20 世纪 70 年代，D. B. 约翰斯通在研究政府应该制定怎样的政策来资助受教育者完成大学教育时，将成本分担作为一个基本概念来使用。1984 年，"大学资助服务三十届会：2000 年议程"在美国科罗拉多召开，D. B. 约翰斯通在会议上首次使用了"高等教育成本分担与转移"的概念。1986 年，D. B. 约翰斯通又从成本的视角出发，在教育资源需求越来越多，高等学校经费紧缺，国家对高等教育支出负担繁重的情况下，研究高等教育成本的构成和分担，正式提出了著名的成本分担理论，并得到广泛推广和使用[101]。他认为，高等教育的成本主要包括教学成本，如老师和行政人员的工资、图书、设备等支出；学生生活成本，如饮食、服装和学杂费等方面的支出；学生因接受教育而损失的机会成本等，而高等教育满足了多个主体的利益需求，是一项有投资、有回报的活动，受益人既包括受教育者个人及其所在的家庭，也包括政府和企业，高等教育成本应该由这些主体共同承担，并且应该让那些应该承担教育成本而实际承担不足的人增加成本分担份额。成本分担应该遵循利益获得原则和能力支付原则。所谓利益获得原则是指谁受益谁付款的原则，即谁获得好处和利益，谁就应该支付费用的原则，是根据社会和个人收益的大小来确定各自分担成本份额的原则，这体现了市场经济中的"等价交换原则"。所谓能力支付原则是指在所有承担主体中，按其支付能力大小来承担各自成本分担份额的原则，这一原则考虑到了承担主体成本补偿的负担能力，这又体现了社会基本原则中"公平原则"。对于不同地区的政府要根据他们的财政能力来分担高等教育成本，而对于不同经济状况的受教育者家庭也应区别承担教育成本[98]。

D. B. 约翰斯通的成本分担理论主要讨论了高等教育成本的构成、分担主体和分担原则。后来，他的成本分担理论逐渐被许多国家采用，该理论在我国教育改革中也得到了广泛应用。除此以外，2005 年，中国科学院可持续发展战略研究组将成本概念用于城镇化，他们对城市化成本分担的背景、目标与内容进行了阐述，并对中国城市化的成本—收益进行分析，进而测算出中国城市化的总量成本，并提出中国城市化的战略思考，这是我国首次从成本视角研究城镇化问题。2008 年，张国胜提出了农业转移人口市民化成本的概念。他认为，农业转移人口市民化是解决进城农业转移人口基本权利保护、公共服务享受、城市生活融入和社会经济适应所必须投入的最低资金量，并从成本视角讨论了农业转移人口市民化成本的构成、测算及针对这些成本给出的总体思路和政策组合，认为农业转移人口主要由私人生活成本、智力成本、社会保障成本、安居成本和公共发展成本构成，并以我国 43 个农业转移人口聚集地的市民化成本的平均水平作为我国农业转移人口市民化成本。2009 年，张国胜在公共财政视角下正式提出了农业转移人口市民化成本分担理论，指出农业转移人口市民化成本应该由政府、企业和农业转移人口个人分担。政府作为全社会的最高管理者，有责任也有义务为其国民提供尽可能多的公共物品，以提高全体国民的生活水平和福利待遇，这也是公共财政的目的，为了推动农业转移人口在城镇安居乐业，它应该承担一部分市民化成本；企业作为农业转移人口的使用者，较高素质的转移人口可以为企业带来较多的利润，所以企业也应该对所雇佣农业转移人口的市民化成本给予一定的补偿和分担；农业转移人口个人通过市民化可以享受与城镇原住居民相同的公共服务，以及子女平等受教育的权利，作为受益者，他们应该承担一部分市民化成本。农业转移人口市民化成本的资金来源于农业转移人口劳动创造的社会财富、农村土地的流转收益、城镇土地的转让收益和少量城镇居民劳动创造的社会财富，而且在成本分担的过程中既要兼顾地方经济发展的积极性，又要兼顾农业转移人口所在企业发展的需要，并通过就业制度、社会保障制度、农村土地制度、公共服务制度和户籍制度改革来推进农业转移人口市民化成本的分担和补偿[42,43,53,102]。

（五）新型城镇化理论

新型城镇化概念最早是由习近平于 2007 年 3 月在《走高效生态的新型农业现代化道路》一文中提出的，文中提到浙江省应以新型工业化成果反哺农业、以新型城镇化带动农民转移，走新型农业现代化道路[103]。2011 年，《中华人民共和国国民经济和社会发展第十二个五年规划纲要》提出"加强城镇化管理，不断提升城镇化的质量和水平"的新型城镇化的核心内容，各省的十二五规划纲要也均提出以新型城镇化为指导，全面建设小康社会。2012 年，中央经济工作会议正式提出把生态文明理念融入城镇化全过程，积极稳妥地推进城镇化，着力提高城镇化质量，把推进农业转移人口市民化作为新型城镇化的核心任务，走集约、智能、绿色、低碳的新型城镇化道路，并将其作为我国新的经济增长动力和扩大内需的重要手段。这是新型城镇化概念首次被写进党和国家的正式文件中，之后新型城镇化概念越来越受到广大学者的广泛关注。2013 年，党的十八届三中全会也提出："坚持走中国特色新型城镇化道路，推进以人为核心的城镇化，推动大中小城市和城镇协调发展、产业和城镇融合发展，促进城镇化和新农村建设协调推进。""推进农业转移人口市民化，逐步把符合条件的农业转移人口转为城镇居民。"2014 年，《国家新型城镇化规划（2014—2020 年）》发布，明确阐述了新型城镇化规划的背景、指导思想和发展目标，以及有序推进农业转移人口市民化、优化城镇化布局和形态、提高城市可持续发展能力、推动城乡发展一体化、改革完善城镇化发展体制机制等具体内容。2015 年，党的十八届五中全会通过的《中共中央关于制定国民经济和社会发展第十三个五年规划的建议》中也明确提出推进以人为核心的新型城镇化，促进有能力在城镇稳定就业和生活的农业转移人口市民化。

新型城镇化的内涵是指：以提升人民民生幸福和社会福祉为目的，以现代农业为基础，以新型工业化为动力，坚持以"人"为本，推动城镇合理布局和可持续发展及城市现代化、生态化和集群化，全面提升城镇发展的内在质量和水平，实现农业转移人口市民化，通过政府、社会、个人等多主体协调推进，追求平等、幸福、集约、健康、转型和绿色为目标，实现公共服务均等化和公民权利的均衡分配，并以城乡社会统筹发展、区域协调一体、生态文明和集约高效、产业升级与低碳转型、制度改革和体制创新为主要建设内容，走生态宜居、功能完善、科学发展、产城互动、环境友好、社会和谐、个性鲜明和互促共进的发展道路，促进大中小城市和小城镇均衡发展，以达到幸福生活状态的崭新的城镇化[104-106]。

1. 新型城镇化的基本特征

（1）新型城镇化是以"人"为核心的城镇化。 新型城镇化不是人口简单的由农村向城镇的空间转移，其核心是"人的城镇化"，是农业转移人口市民化，是使那些进入城镇的农民工及其家属逐步转型为城镇居民并逐渐融入城镇社会的过程，即实现人的社会角色、生活方式、思维理念的转型，是从"重视非农化的城镇化"过渡到"重视市民化的城镇化"，把发展重心从"城"转移到"人"上来，通过农业转移人口在城镇稳定就业和长久定居，并逐渐市民化来提高转移人口的社会福利和社会权利[107]。新型城镇化更应重视提升人的发展能力，为他们创造更为平等和更为广阔的发展空间，充分把包括大量移民在内的人的发展和参与作为城镇发展的真正动力。新型城镇化的实质是人口和土地同步城镇化的过程，需要妥善解决人、地分开的局面，以消除人口城镇滞后带来的经济和社会影响，将地的城镇化与人的城镇化合二为一[108]。

（2）新型城镇化是城乡共同发展的城镇化。 新型城镇化是不以牺牲农业和粮食、生态和环境为代价，着眼农民，涵养农村，从根本上保护农民利益，积极探索工业反哺农业、城镇支持农村的方法和途径，解放农村生产力，促进农业人口转移，使广大农民从对土地的依附中解放出来，转变农民的生产方式和生活方式，改善农村基础设施，把城乡产业互融发展作为新型城镇化建设的重要支撑，通过城镇化推进城乡基本公共服务均等化和城乡发展一体化，实现城乡共同发展、共同富裕[104,108]。

（3）新型城镇化是包容性和和谐式的城镇化。 新型城镇化不是片面追求城市规模的扩大和数量的增长，也不是单一的盖高楼、建广场，不是土地房屋化，更不是片面追求 GDP 的提高，而是以提升城镇文化和公共服务为内涵，实现人的全面发展。新型城镇化强调城镇发展过程中公平与效率统一，在促进城镇经济快速发展的同时，还要促进农业转移人口的城市接纳与社会融合，变革和创新现有制度，逐步消除一切排斥性制度，使其朝向更具包容性的政策导向转移，避免移民群体难以融入带来的人的排斥和隔离。进入城镇的新市民可以享有与原住居民同等的福利和权利，实现城镇不同主体在个人发展方面享有事实上的平等权利，建设包容性、和谐式城镇，把城镇建成具有高品质的宜居之所[108]。

（4）**新型城镇化是集约节约的城镇化。**新型城镇化改变过去传统的粗放型的城镇化发展模式，走新型工业化道路，提高科技含量、增加经济效益，降低对各种资源的消耗，减少对环境的污染和破坏。在城镇化进程中，保障工业和城镇建设用地的集约和节约使用，避免违法违规用地和滥占耕地现象，提高各种资源的利用效率，减少粗放利用和浪费，使有限的资源产出最大的经济效益、社会效益和生态效益[109]。

（5）**新型城镇化是大中小城市和小城镇协调发展的城镇化。**新型城镇化是按照统筹规划、合理布局、完善功能、以大带小的原则，确立大城市的龙头地位，并以大城市为依托，发挥中心城市的辐射作用；以中小城市为重点，积极挖掘现有中小城市发展潜力，强化中小城市产业功能，引导中小城市有序发展；增强小城镇公共服务和居住功能，推动小城镇发展与缓解大城市人口压力和服务"三农"相结合，合理引导人口流向和产业转移[110]。通过发挥大城市的带动、中小城市的承载和小城镇的吸纳作用，促进各类城镇协调发展[104]。

2. **新型城镇化的发展目标**[111]

（1）**城镇化水平和质量稳步提升。**新型城镇化由过去单纯注重城镇化速度的做法，转变为追求城镇化水平和质量的双重提高，推动城镇化健康有序发展，无论常住人口城镇化率还是户籍人口城镇化率，每年均增长 1 个百分点左右。

（2）**城镇化格局更加优化。**城镇化格局关系到我国城镇化的发展布局是否合理。按照全国生态功能区规划要求，依托中东西部现有的发展情况，遵循城镇发展的客观规律，基本形成"两横三纵"的城镇化战略格局。经济较发达的东部地区城市群逐步升级，国际竞争力不断增强；发展较为落后的中西部地区新的城市群逐渐培育和建立，并成为带动当地经济增长的主要动力，大中小城镇比例适中，各类城镇规模适度并均衡发展。

（3）**城市发展模式科学合理。**新型城镇化以高密度和集约紧凑型开发模式为主，城镇人口密度逐步提高，人均建设用地逐渐减少。生态文明理念开始融入城镇发展，绿色生产和消费成为城市经济生活的主流，节约集约利用土地、水和能源等资源，新能源和可再生能源利用比例逐年提高，绿色建材和绿色建筑不断增加，城市空气质量不断改善，城市生态空间不断扩大，森林、湖泊、湿地面积不断扩大，对自然的干扰和损害不断减少，对环境保护和生态修复不断增加，形成绿色低碳的生产生活方式和城市发展模式。

（4）城市生活和谐宜人。城镇基本公共服务水平不断提高且实现城镇常住人口全覆盖，交通更加便利、娱乐设施更加丰富、消费方式更加多样化，社会保障水平逐年提高，教育资源和医疗资源更加充足、信息化网络更加发达、基础设施更加完善，生态环境明显改善、空气质量逐渐提高，城镇设施和环境更适合人们居住和生活，人们的生活也更加美好。

（5）城镇化体制机制不断完善。财税制度、户籍制度、土地制度、社会保障制度等制度改革已取得突破性进展，城镇化资金保障机制、成本分担机制、农业转移人口市民化推进机制、城乡发展一体化体制机制已经建立，阻碍城镇化健康发展的一系列歧视性和非均衡性制度性因素已基本消除，包容性取向的社会政策和制度已基本制定和实施，城乡二元格局逐渐向一元格局转化，城乡人口可以自由流动，农民和城市居民之间的身份差别已基本消除，逐步实现城乡公共服务供给均等化，使城乡居民平等地享有城镇化发展成果[104]。

本 章 小 结

本章首先对农业转移人口、农业转移人口市民化、农业转移人口市民化成本及农业转移人口市民化成本分担的概念进行界定，其次阐述了农业转移人口市民化成本及分担的理论基础——二元经济理论、人口迁移理论、公共服务均等化理论、成本分担理论和新型城镇化理论。按照这些理论的观点，在欠发达国家往往存在二元经济结构——城镇中的现代工业部门和农村中的传统农业部门，当农业部门的劳动力过剩，就会向现代工业部门转移，就出现了人口迁移，当农业转移人口来到城镇工作和生活，他们会要求与城镇原住居民享有相同的公共服务，就出现了基本公共服务均等化，在向移民提供同等公共服务的过程中需要投入大量资金，投入的这些资金如何筹集、向谁筹集，就会面临成本分担的问题，如果想定居城镇的农业转移人口都能真正享受到均等的基本公共服务，也有能力承受在城镇中的生活和住房成本，就会逐渐实现市民化，即人的城镇化。

第三章　农业转移人口市民化成本测算

一、测算思路及计算方法、数据来源

(一) 测算思路及计算方法

学术界对农业转移人口市民化成本的计算研究较多，本书参考了许多学者的文献。其中，申兵对"十二五"时期跨省集中流入宁波市的农业转移人口市民化成本采用分类计算而后加总的方法进行了测算，从公共服务提供者的角度考虑需要花费多少成本。他既测算了"十二五"时期农业转移人口市民化需要在随迁子女教育、公共卫生和计划生育服务、就业扶持与权益维护、社会保障和住房条件改善等方面五年的总支出，也测算了人均支出，还测算了年均支出[34]。蒋仕龙和许峻桦通过构建成本测算模型，将城镇基本生活成本、住房成本、城镇基础设施成本、社会保障成本和教育成本等各项指标分别采用五年简单平均计算再加总，并利用 2009—2013 年数据，对武隆县新生代农业转移人口融入城镇成本进行测算，得到市民化成本为 6.54 万元/人[112]。睦海霞和陈俊江通过构建计量模型对成都市农业转移人口市民化成本进行简要测算，得出人均市民化成本为 28.5 万元，并提出这一成本应由政府、企业和农业转移人口个人共同分担，通过计算分担比例为 56.0%、21.6%、22.4%[113]。

借鉴申兵等人的研究，本书主要采用分类加总法，即构建成本计算的数学公式，选择代表性指标，引入统计数据进行计算。本书首先对农业转移人口市民化全过程进行梳理，了解市民化过程中需要在哪些方面增加投入。根据投入增加的不同方面将农业转移人口市民化成本进行分解，分别测算各部分成本，再分别与每一项成本的相应人数相乘、加总，得到农业转移人口市民化总成本。

周小刚把农业转移人口市民化公共成本分解为城镇公共基础设施成本、养老保险成本、医疗保险成本、失业保险成本、子女受教育城乡差异成本和公共管理成本等。这些成本既包括政府承担的成本，也包括企业和个人承担的成本[44]。魏澄荣和陈宇海也认为农业转移人口市民化是由社会保障成本、教育培训成本、安居成本、私人增加的生活成本和城市基础设施增加成本五部分加总构成，并且这些成本也分为政府成本和私人成本[40]。徐红芬认为农业转移人口市民化成本由公共成本和个人成本构成，其中公共成本包括城镇基础设施建设成本、城镇公共管理成本、社会保障成本、随迁子女教育成本和保障性住房成本；个人成本包括个人住房成本、个人保险支出成本和城市生活成本。另外，利用2012年数据对河南省郑州市、洛阳市和鹤壁市农业转移人口市民化成本计算，分别为6.34万元/人、5.99万元/人和4.77万元/人，并由此提出金融支持我国城镇化建设的政策建议[114]。张占斌等[115]和冯俏彬[116]只把政府财政在农业转移人口市民化方面的支出计为市民化成本，将随迁子女财政教育支出、养老保险财政补助支出、医疗保险财政补助支出、最低生活保障财政支出、保障房的财政支出和就业财政支出加总作为农村转移人口市民化的财政总支出，这也可以看成是农业转移人口市民化的总成本。另外，以2011年的时点数据作为计算依据，测算出截止到2020年，解决这些农业转移人口市民化，平均到每年财政应该支出2261.45亿元。同时还设计了空间分布，如中央政府和地方政府之间财政支出如何分布；转移人口流入地政府和流出地政府之间财政支出如何分布，主要基于东部作为流入地，以中、西部作为流出地；各层级城市之间财政支出如何分布，如直辖市、省会城市、地级市及地级以下城市（镇），并给出相应的政策建议。

参考周小刚等人的观点，本书将农业转移人口市民化成本分解为生活成本、城镇市政公用设施建设成本、就业成本、住房成本、随迁子女义务教育成本、社会保险成本。另外，借鉴徐红芬和冯俏彬的做法，以2017年的时点数据为计算依据，计算出农业转移人口人均市民化成本，并且以当年市民化人数计算总成本。计算公式为

$$TC = \sum_{i=1}^{n} C_i N_i$$

其中，TC 表示总支出；C_i 为单项成本，包括生活成本、城镇市政公用设施建设成本、就业成本、住房成本、随迁子女义务教育成本、社会保险成本、最低社会保障成本。社会保险成本又包括城镇职工基本养老保险成本、城镇职工基本医疗保险成本、失业保险成本、工伤保险成本、生育保险成本、住房公积金

成本；N_i 表示各成本对应的人数。

在市民化成本分项测算的过程中，每一项成本都应该是农业转移人口市民化后与市民化前的各种公共服务和住房投入等方面增加的成本。丁萌萌和徐滇庆以农业转移人口户籍改革成本作为其市民化成本，并分别选择计算指标，将各项指标的城乡差距之和作为市民化成本，并利用 2011 年的数据测算出我国农业转移人口市民化成本为 4 024.77 元/人，仅为以前估算的 5%[117]。张继良和马洪福用市民化后的人均总成本扣除市民化前的人均总成本作为农业转移人口市民化的总成本，并选取社会保障成本、生活成本、随迁子女义务教育成本和住房成本四项指标来计算江苏外来农业转移人口市民化成本，人均成本约为 12.3 万元，其中第一代转移人口人均成本为 11.2 万元，新生代转移人口人均成本为 14.3 万元[118]。杜海峰等通过建立农业转移人口市民化总成本模型，即用市民化后的成本函数减去市民化前的成本函数作为农业转移人口市民化总成本[18]。本书也借鉴以上学者的观点，对必要的成本采取差额计算。

（二）数据来源

对于不同性别、不同年龄、不同地域、不同来源的农业转移人口，本书采取代表性的处理，就是农业转移人口市民化成本测算中涉及大量的数据，一律根据国家统计局公开的数字，选用平均数。

城镇居民人均消费支出、城镇人口数、城镇农业转移人口数、城镇户籍人口数、城镇居民人均居住支出、农村居民人均消费支出、农村居民人均居住支出、全国在校小学生数、农村在校小学生数、城镇在校小学生数、全国在校初中生数、农村在校初中生数、城镇在校初中生数、进城务工随迁在校小学生数、进城务工随迁在校初中生数、农村留守在校小学生数、农村留守在校初中生数、本年城镇职工基本养老保险基金支出及参保人数、城乡居民基本养老保险参保人数、本年城镇职工基本医疗保险基金支出及参保人数、本年失业保险基金收入及支出、本年失业保险参保人数、本年工伤保险基金收入及支出、本年工伤保险参保人数、本年生育保险基金收入及支出、本年生育保险参保人数、农村总人口、全国耕地面积数据来自《中国统计年鉴 2018》。

城镇职工上年度平均工资数据来自《中国统计年鉴 2017》。

城镇商品住宅销售价格、商品房建筑造价数据来自《中国房地产统计年鉴 2018》。

农业转移人口中已婚人口占比、农业转移人口中未婚人口占比数据来自

《2017 年全国农民工监测调查报告》。

农村竣工住宅造价数据来自《中国住户调查年鉴 2018》。

城市市政公用设施建设固定资产投资数据来自《中国城市建设统计年鉴 2018》。

全国普通小学生均教育经费、农村小学生均教育经费、全国普通初中生均教育经费、农村初中生均教育经费数据来自《2018 年全国教育经费执行情况统计公报》。

本年财政对城镇职工基本养老保险基金的补助、本年财政对城乡居民基本养老保险基金的补助、本年财政对城镇职工基本医疗保险基金的补助、本年财政对新型农村合作医疗基金的补助、本年财政对住房公积金的补贴数据来自《2017 年度全国一般公共预算支出决算表》。

住房公积金实缴职工人数数据来自《全国住房公积金 2017 年度报告》。

全国城市低保对象、全国城市低保资金、全国城市低保平均保障标准、全国农村低保对象、全国农村低保资金、全国农村低保平均保障标准数据来自《2017 年社会服务发展统计公报》。

参加城镇职工基本养老保险农民工人数、参加城镇职工基本医疗保险农民工人数、参加失业保险农民工人数、参加工伤保险农民工人数、参加生育保险农民工人数数据来自《中国人力资源和社会保障年鉴（2018）》和《2017 年度人力资源和社会保障事业发展统计公报》。

城镇家庭住房自有率数据来自《2017 中国城镇住房空置分析》。

城镇居民人均住房建筑面积、农村居民人均住房建筑面积数据来自国家统计局投资司撰写的报告《建筑业持续快速发展城乡面貌显著改善——新中国成立 70 周年经济社会发展成就系列报告之十》。

农业转移人口住房自有率、保障性住房享受率数据来自《2018 年全国农民工监测调查报告》。

住户个人存款总额数据来自《中国金融年鉴 2018》。

地方政府在城镇市政设施建设、就业、教育、社保、保障性住房、低保方面的支出数据来自《2017 年度地方一般公共预算支出决算表》，中央政府在这些方面的支出数据来自《2017 年中央一般公共预算支出决算表》和《2017 年全国一般公共预算支出决算表》，中央对地方的税收返还和转移支出数据来自《2017 年中央对地方税收返还和转移支付决算表》。

土地每亩净利润数据来自《全国农产品成本收益资料汇编 2018》。

杭州商品房和保障房价格数据来自《杭州统计年鉴2018》，温州商品房和保障房价格数据来自《温州统计年鉴2018》，平湖商品房和保障房价格数据来自《平湖统计年鉴2018》。

二、农业转移人口市民化成本构成

农业转移人口市民化成本构成如图3-1所示。

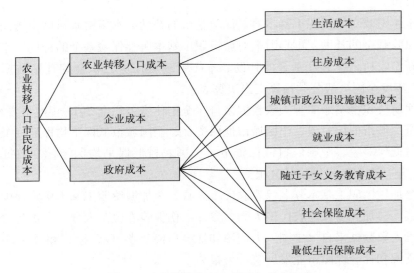

图3-1　农业转移人口市民化成本构成

图中，住房成本包括商品房成本和保障性住房成本，商品房成本为农业转移人口成本，由农业转移人口承担；保障性住房成本为政府成本，由政府承担。随迁子女义务教育成本包括小学生均教育成本和初中生均教育成本，均为政府成本，由政府承担。社会保险成本包括城镇职工基本养老保险成本、城镇基本医疗保险成本、失业保险成本、工伤保险成本、生育保险成本和住房公积金成本，由政府、企业和农业转移人口共同承担。

三、农业转移人口市民化成本分项测算

（一）生活成本

农业转移人口市民化生活成本衡量的是农业转移人口转型成市民后在城镇的日常生活开支与进入城镇前在农村时的日常生活开支之差，包括食品、衣

物、水、电、气、暖、家庭设备用品及服务、医疗保健、交通、通信、文教娱乐等方面的消费支出差距。农业转移人口进入城镇并转变为市民的过程中，他们在城市生活的日常开支将会增加，总体生活成本要高于在农村时的生活成本，高出的部分就是其转型为市民的新增成本。在计算时，市民化后的生活成本用城镇户籍居民人均生活支出表示，市民化前的生活成本我们用农村居民人均生活支出表示，生活成本＝城镇户籍居民人均生活支出－农村居民人均生活支出。因住房成本是农业转移人口在市民化过程中支出最大的成本，我们在成本分析中单独列算，所以城乡居民生活支出都不包括住房支出，需扣除。

城镇户籍居民年人均消费支出

$$= \frac{城镇居民年消费总支出－城镇农业转移人口年消费总支出}{城镇户籍人口}$$

$$= \frac{城镇居民年人均消费×城镇人口数 － 城镇农业转移人口年人均消费×城镇农业转移人口数}{城镇户籍人口}$$

$$= \frac{24\,445×8.14－(1\,200×12)×[13.90×(58.52\%－42.35\%)]}{13.90×42.35\%}$$

$$\approx \frac{24\,445×8.14－14\,400×2.25}{5.89}$$

$$= \frac{198\,982.30－32\,400}{5.89}$$

$$= \frac{166\,582.3}{5.89}$$

$$\approx 28\,282.22（元）。$$

城镇户籍居民年人均居住支出

$$= \frac{城镇居民年居住总支出－城镇农业转移人口年居住总支出}{城镇户籍人口}$$

$$= \frac{城镇居民年人均居住支出×城镇人口数 － 城镇农业转移人口年人均居住支出×城镇农业转移人口数}{城镇户籍人口}$$

$$= \frac{5\,564×8.14－(565×12)×[13.90×(58.52\%－42.35\%)]}{13.90×42.35\%}$$

$$\approx \frac{5\,564×8.14－6\,780×2.25}{5.89}$$

$$= \frac{45\,290.96－15\,255}{5.89}$$

$$=\frac{30\ 035.96}{5.89}$$

$$\approx 5\ 099.48\ （元）。$$

其中，58.52%为常住人口城镇化率，42.35%为户籍人口城镇化率。由于数据的不可得，本书用农业转移人口消费和居住支出替代城镇农业转移人口的消费和居住支出。

城镇户籍居民年人均生活支出（扣除居住）

　　＝城镇户籍居民年人均消费支出－城镇户籍居民年人均居住支出

　　＝28 282.22－5 099.48

　　＝23 182.74（元）。

农村居民年人均生活支出（扣除居住）

　　＝农村居民人均消费支出－农村居民人均居住支出

　　＝10 954.50－2 353.50

　　＝8 601（元）。

农业转移人口市民化年人均生活成本

　　＝城镇户籍居民年人均生活支出（扣除居住）－农村居民年人均生活
　　　支出（扣除居住）

　　＝23 182.74－8 601

　　＝14 581.74（元）。

农业转移人口市民化生活成本如表 3-1 所示。

表 3-1　农业转移人口市民化生活成本

单位：元

年份	城镇户籍居民年人均生活支出（扣除居住）	农村居民年人均生活支出（扣除居住）	农业转移人口市民化年人均生活成本
2017	23 182.74	8 601	14 581.74

数据来源：《中国统计年鉴 2018》《农民工城市居住问题评价与改善实证研究》。

（二）住房成本

1. 商品房成本

住房成本指的是为保障农业转移人口市民化以后能在城镇安居而必须在城镇购买的商品房价格[36]。在计算住房成本时，对于已婚农业转移人口并没有减掉他们在农村住房价格，因为无论农业转移人口在城镇中是否买房，他们在农村的房子已经在农村存在了，不会影响到他们在农村买房的花费，所以文中不予扣除。对于未婚农业转移人口，如果他们能在城镇转户定居，他们就不用再返回农村，也不用在农村买房，就可以省去在农村购房的钱，则他们的住房成本为城镇商品房价格扣除农村房价。对于住房价格，有些学者用房屋的租金计算，也就是用农业转移人口所在城市的平均住房面积所必须支付的人均房租来核算住房成本，而不是用房屋价格；还有些学者是用房屋价格来计算，因为农业转移人口在城镇务工经商经常会租房居住，可是一旦他们想转化为市民，想在城镇中永久定居，按照我国传统"居者有其屋"的思想，他们必然想在城镇里拥有一套属于他们自己的房子，能够让自己的家人和孩子在城里有一个安身之所。这是他们在城镇长期稳定的安居和生活下来的前提条件，所以能否在城镇买得起房子或者是在未来能够买得起房子就成为他们能否市民化的非常重要的条件。只有有了自己的栖身之所，才有可能实现市民化，没有安居之所，市民化就成了空谈。这是他们的生活需要，也是他们的心理需求。用房屋价格计算又有两种情况，有人用房屋建筑造价来计算，这些学者认为农业转移人口在城镇属于低收入群体，他们买不起太贵的房子，所以他们的住房成本应以房屋的工程造价来计算，即用该城镇的投资总额除以年末总人口，也就是用成本价格来计算。还有些人用房屋的商品价格计算，他们认为，房地产开发属于企业，而企业是以利润的最大化为终极目标的，这就决定了他们开发的房产只能以商品价格向外卖，不会以成本价格向外卖出，无论农业转移人口的收入怎样都与他们没有丝毫关系。随着我国各种制度改革的深入，农业转移人口会逐渐被纳入城镇住房保障体系，少数农业转移人口可以通过廉租房、公租房和购买经济适用房的方式获得自己的住房，但是多数农业转移人口仍然需要自己购买商品房以解决自身及其家庭在城镇中的住房问题[33]。所以，本书中的城镇居民住房成本用城镇商品房价格计算，而不是用城镇房屋的租金或建筑造价计算。在核算农业转移人口市民化的住房成本时，是以城镇人均住房面积乘以城镇商品住宅平均销售价格来计算城镇居民的人均住房成本。从统计数据可以看出，城镇人均住房面积为 36.90 米²，城镇商品住宅平均销售价格为 7 614 元/米²；在计算农村居民住房成本时，用房屋的建筑造价来计算，因为农村住房通常不是通过房地产市场买卖获得的，而是首先通过申请获得宅基地，然后在宅基地之上自行建造而成的，所以农户房产的价格通常用建筑造价来计算。城镇较高的商品房价格成为农业转移人口在市民化过程中集中支付的最高的一项成本，也是最难以解决的成本。

在农业转移人口中已婚人口占 64.5%，未婚人口占 35.5%，假设农业转移人口在市民化的当年就会在城镇买房定居，且已婚农业转移人口在农村已经建房，未婚农业转移人口在农村无自有产权房。已婚农业转移人口在农村都已经建了住房，但是由于农村住房只能转移给本村集体村民，不能转让给集体以外的人口，他们在农村的住房很难变现，所以即便他们市民化了，他们需在城镇购房的同时，在农村建房的房款也不会消失，不需要扣除，所以他们的城镇市民化商品住房成本就是城镇商品住房购买成本，如表 3 - 2 所示。

已婚农业转移人口市民化人均商品住房成本

　　＝城镇商品住宅销售价格×城镇居民人均住房建筑面积

　　＝7 614×36.90

　　＝280 956.6（元）。

表 3 - 2　已婚农业转移人口市民化人均商品住房成本

年份	城镇商品住宅销售价格（元/米²）	城镇居民人均住房建筑面积（米²）	已婚农业转移人口市民化人均商品住房成本（元）
2017	7 614	36.90	280 956.6

数据来源：《中国房地产统计年鉴 2015》《2017 年农民工监测调查报告》《建筑业持续快速发展城乡面貌显著改善——新中国成立 70 周年经济社会发展成就系列报告之十》。

对于未婚农业转移人口，他们在农村并没有建产权属于自己的住房，如果他们能够市民化，就需要在城镇购买商品房，但不用再回农村建房，也就不用再有农村住房的建房支出，所以他们市民化商品房成本就应该是在城镇的商品房购房款扣除他们如果不市民化还要回农村的建房款，如表 3 - 3 所示。

农村居民人均住房成本

　　＝农村竣工住宅造价×农村居民人均住房建筑面积

　　＝886.4×46.70

　　＝41 394.88（元）。

表 3 - 3　未婚农业转移人口市民化人均商品住房成本

单位：元

年份	城镇居民人均住房成本	农村居民人均住房成本	未婚农业转移人口市民化人均商品住房成本
2017	280 956.6	41 394.88	239 561.72

数据来源：《中国统计年鉴 2015》《中国住户调查年鉴 2018》《建筑业持续快速发展城乡面貌显著改善——新中国成立 70 周年经济社会发展成就系列报告之十》。

市民化人均商品住房成本

　　＝已婚农业转移人口市民化人均商品住房成本×已婚转移人口比例＋
　　　　未婚农业转移人口市民化人均商品住房成本×未婚转移人口比例
　　＝280 956.6×64.5％＋239 561.72×35.5％
　　＝181 217.01＋85 044.41
　　＝266 261.42（元）。

2. 保障性住房成本

　　保障性住房成本主要是指政府将由农业转移人口转化来的新市民纳入城镇住房保障体系所必须增加的资金投入[33]。农业转移人口长年在城镇务工经商，他们虽然被计入城镇人口，却没有享受到城镇保障性住房待遇。一般来说，多数农业转移人口收入水平较低，没有能力承担城镇较高的住房价格来满足自身的居住需求，而转移人口需要有安居的住所，这是实现市民化的条件，因此政府有必要将农业转移人口纳入城镇住房保障体系，让他们与城镇原居民享受相同的住房政策，并为其中的低收入者提供保障性住房或住房补贴[119]。国家对保障性住房建筑面积有明确的规定，公租房单套建筑面积以 40 米² 为主，廉租房单套在 50 米² 以内，经济适用房在60 米² 左右。所以，本书以人均 15 米² 建筑面积和房屋建筑造价来计算保障性住房成本，如表 3-4 所示。

市民化人均保障性住房成本

　　＝2 980×15
　　＝44 700（元）。

表 3-4　农业转移人口市民化保障性住房成本

年份	商品房建筑造价 （元/米²）	人均保障性住房建筑 面积（米²）	市民化人均保障性住房 成本（元）
2017	2 980	15	44 700

数据来源：《中国房地产统计年鉴 2018》。

（三）城镇市政公用设施建设成本

　　农业转移人口市民化的城镇市政公用设施建设成本，主要是指为容纳新增市民化人口在城镇正常生活需要而增加的市政公用设施（不包括房地产投资成本）建设支出，主要包括道路、给排水、电力、燃气、交通、通信、环境、防灾等设施建设支出。良好、高效的城镇市政公用设施不仅是城市物质生产和居民正常生活必不可少的物质条件，还是社会稳定和经济繁荣的重要保证[3]。每个城镇的市政公用设施的容载力都是有限的，当农业转移人口大量集中涌入并逐渐转化为城镇居民，城市人口快速增加，他们的日常生活离不开各个方面的市政公用设施提供相应的服务，对城镇市政公用设施的需求也随之增加，而与此相对应的城镇市政公用设施的投入却十分有限，当人口规模超过一定限度，就会使这些城市的市政公用设施超负荷运转，给城市带来许多不和谐因素和安全隐患。因此，伴随着农业转移人口市民化的同时，需要政府随人口增加相应扩大投资，增加城镇市政公用设施投入，市政公用设施的建设维护规模大，资金需求也大，大量的公共支出都需要政府的政策推动和财政支持，其成本可以说是农业转移人口市民化成本的主要组成部分[32]。

市民化人均市政公用设施建设成本

$$=\frac{市政公用设施新增固定资产投资}{城镇常住人口}$$

$$=\frac{19\,327.60}{8.14}$$

$$=2\,374.40（元/年）。$$

农业转移人口市民化市政公用设施建设成本如表3-5所示。

表3-5 农业转移人口市民化人均市政公用设施建设成本

年份	市政公用设施新增固定资产投资（亿元）	城镇常住人口（亿人）	市民化人均城镇市政公用设施建设成本（元/年）
2017	19 327.60	8.14	2 374.40

数据来源：《中国统计年鉴2018》《中国城市建设统计年鉴2018》。

（四）就业成本

劳动就业成本主要是指政府和企业为促进农业转移人口充分就业，在职业介绍、职业技能培训、职业技能鉴定、创业扶持等方面给予的补贴，以及对创办小微企业的借款人发放的小额担保贷款财政贴息等方面的支出较市民化前所增加的成本。农业转移人口首先在城镇要有稳定的工作和收入，这是他们在城镇生存和定居的前提，也是他们能够最终实现市民化的必要条件。他们在城镇寻找工作时，存在着严重的信息不对称，在就业的过程中还要面临用工歧视，为了帮助转移人口更好地就业和创业，政府承担了部分职业介绍、职业培训和创业扶持的职责，并以促进农业转移人口市民化为目的，以职业介绍补贴、职业技能培训补贴和创业扶持补助为手段，对农业转移人口职业培训和就业领域投入了大量的资金，鼓励职业中介机构为转移人口提供更好的职业介绍服务；鼓励农业转移人口通过参加职业技能培训，提高自身的就业技能，还根据劳动力市场需求，大力开展"订单"式技能培训，确保培训与就业的有效衔接；鼓励那些有一定经验且有一定经济基础的转移人口自主创业，以创业带动就业[32]。按照我国新型城镇化规划目标，每年培训农业转移人口2 000万人次，其中就业技能培训1 000万人次，对于已经就业的农业转移人口进行岗位技能提升培训1 000万人次，高级技术人才培训100万人次，使农业转移人口都能得到一次由政府提供的免费就业技能培训，全国平均下来，人均补贴800元。

（五）随迁子女义务教育成本

随迁子女义务教育成本主要是由于中国城乡义务教育经费支出存在差距，农业转移人口子女在进入城镇接受教育后，政府在义务教育事业性经费支出和教育基建费支出两方面需要增加的部分[33]。农业转移人口市民化不仅涉及转移人口个人，还涉及转移人口家庭成员，转移人口在城镇务工多年并最终实现市民化以后，他们在城镇就会逐渐趋于稳定，会将子女带在身边随迁进城，并进入当地城镇学校就读。随迁子女的教育关系到转移人口下一代的成长和发展，是农业转移人口非常关心的问题[32]。按照现行政策，我国高中、大学及研究生教育的学费通常由受教育者自己承担，这些阶段的教育不会因户籍性质的改变而新增财政支出，只有九年义务教育阶段的教育经费由国家负担，随迁子女会因户籍的变化而新增各级政府的财政负担[119]。政府财政对义务教育经费的投入主要包括教育事业费（学校维持正常运转所需开支的人员经费和公用经费）和教育基本建设投资（建筑校舍和购置大型教学设备的费用），具体可用生均教育经费来表示。小学和中学阶段的生均教育经费是不同的，需要分别计算，城乡生均教育经费也是有差距的。当农业转移人口子女从农村进入城镇学校，随之义务教育事业性经费就会增加，并且在一些大中城市，尤其是农业转移人口较为集中的地区，伴随着随迁子女的逐渐流入和入学儿童的大量增加，造成这些地区的教育资源紧张，接纳能力不足，需要相应新建学校，教育事业费也会增加。

全国普通小学生均教育经费

$$=\frac{城镇小学生均教育经费×城镇小学生数+农村小学生均教育经费×农村小学生数}{在校小学生数}$$

城镇小学生均教育经费

$$=\frac{全国普通小学生均教育经费×在校小学生数-农村小学生均教育经费×农村小学生数}{城镇小学生数}$$

$$=\frac{10\,911.17×10\,093.70-10\,194.82×2\,775.36}{7\,318.34}$$

$$≈11\,182.83（元）。$$

全国普通初中生均教育经费

$$=\frac{城镇初中生均教育经费×城镇初中生数+农村初中生均教育经费×农村初中生数}{在校初中生数}$$

城镇初中生均教育经费

$$=\frac{全国普通初中生均教育经费×在校初中生数-农村初中生均教育经费×农村初中生数}{城镇初中生数}$$

$$=\frac{15\,739.92×4\,442.10-14\,065.68×643.41}{3\,798.65}$$

$$≈16\,023.67（元）。$$

由于城镇小学生均教育经费与城镇户籍小学生均教育经费近似，城镇初中生均教育经费与城镇户籍初中生均教育经费近似，我们用城镇小学生均教育经费近似的替代城镇户籍小学生均教育经费，用城镇初中生均教育经费近似的替代城镇户籍初中生均教育经费。

市民化随迁子女生均小学教育成本

=城镇户籍小学生均教育经费-农村小学生均教育经费

=11\,182.83-10\,194.82

=988.01（元）。

市民化随迁子女生均初中教育成本

=城镇户籍初中生均教育经费-农村初中生均教育经费

=16\,023.67-14\,065.68

=1\,957.99（元）。

农业转移人口市民化随迁子女义务教育成本如表3-6所示。

表3-6 农业转移人口市民化随迁子女义务教育成本

单位：元

年份	城镇户籍		农村户籍		市民化随迁子女生均教育成本	
	小学生均教育经费	初中生均教育经费	小学生均教育经费	初中生均教育经费	小学生均教育成本	初中生均教育成本
2017	11 182.83	16 023.67	10 194.82	14 065.68	988.01	1 957.99

数据来源：《中国统计年鉴2018》《2018年全国教育经费执行情况统计公告》。

（六）社会保险成本

社会保险成本是指农业转移人口市民化以后，其个人和企业在社会保险方面缴纳的社保费用，以及政府为他们投入的社保补贴等方面比市民化前增加的部分。农业转移人口市民化以后必须参加城镇职工基本养老保险、基本医疗保险、失业保险、工伤保险、生育保险及住房公积金，他们在市民化以前就已经被纳入我国城镇社会保障体系，可以参加城镇的"五险一金"，也可以参加城乡居民养老保险及新型农村合作医疗保险。由于农业转移人口就业不稳定、流动性强、收入水平较低、社保缴费比率高等原因，使在城镇务工的农业转移人口基本上处于参与城镇社会保险水平比较低的社会状态中。他们大多参加了农村的各种社会保险，而没有参加城镇社会保险。如果他们一旦市民化，就会和城镇原居民一样，绝大多数要参加城镇社会保险，这必然会增加各成本分担主体的支出，多支出的部分就是农业转移人口市民化社会保险成本。随着城镇化进程的加快，大量农业转移人口会逐步转变为市民，社会保险支出是市民化成本中比重较大且不容忽视的成本。

1. 城镇职工基本养老保险成本

城镇职工基本养老保险是国家通过立法、多渠道筹集资金，对城镇职工因年老失去劳动能力时给予的经济补偿，以保障他们基本生活的一项措施。农业转移人口市民化以后，那些原来就已经参加城镇职工基本养老保险的人不会增加市民化成本，那些原来没有参加城镇职工基本养老保险，而参加城乡居民养老保险的人，就会转为参加城镇职工基本养老保险。由于城镇职工基本养老保险的缴费水平和退休金的发放水平都要明显高于城乡居民养老保险，我们把补齐的这部分费用支出看作是农业转移人口市民化养老保险成本。

根据 2000 年《关于完善城镇社会保障体系的试点方案》，城镇职工基本养老保险为本人缴费工资的 28%。其中，缴费工资也称为缴费工资基数，一般每月为职工本人上一年度月平均工资，企业缴费比例为 20%，个人缴费比例为 8%，则城镇职工基本养老保险缴费总比率为 28%。因为我们计算的是农业转移人口转化为市民需要缴纳的社会保险费用，所以上一年度本人年工资收入以农业转移人口平均工资计算，为 $3\,572 \times 12 = 42\,864$（元）。

城镇职工基本养老保险年人均筹资

=城镇职工基本养老保险人均缴费+城镇职工基本养老保险人均财政补贴

$$=本人上一年度年工资收入 \times 28\% + \frac{本年财政对城镇职工基本养老保险基金的补助}{本年城镇职工基本养老保险参保人数}$$

$$=42\,864 \times 28\% + \frac{4\,641.79}{4.03}$$

$$\approx 12\,001.92 + 1\,151.81$$

$$=13\,153.73（元）。$$

根据《国务院关于建立统一的城乡居民基本养老保险制度的意见》规定，城乡居民养老保险基金筹集主要以政府补贴和个人缴费为主，按照国家标准，个人缴费分为 12 档，最低档为 100 元，最高档为 2 000 元。根据《中国人力资源和社会保障年鉴（2018）》可知，2017 年城乡居民养老保险参保人均缴费为 282 元，集体企业补贴微乎其微，近乎为 0。

城乡居民基本养老保险年人均筹资=个人缴费+集体补贴+政府补贴

$$=个人缴费+集体补贴+\frac{本年财政对城乡居民基本养老保险基金的补助}{城乡居民基本养老保险参保人数}$$

$$=282+0+\frac{2\,130.78}{5.13}$$

$$\approx 282+415.36$$

$$=697.36（元）。$$

农业转移人口市民化年人均养老保险成本如表 3-7 所示。

表 3-7 农业转移人口市民化年人均养老保险成本

单位：元

年份	城镇职工基本养老保险年人均筹资	城乡居民基本养老保险年人均筹资	农业转移人口市民化年人均养老保险成本
2017	13 153.73	697.36	12 456.37

数据来源：《中国统计年鉴 2017》《中国统计年鉴 2018》《2017 年度全国一般公共预算支出决算表》《国务院关于建立统一的城镇居民基本养老保险制度的意见》《关于完善城镇社会保障体系的试点方案》《降低社会保险费率综合方案》。

2. 城镇职工基本医疗保险成本

城镇职工基本医疗保险是由用人单位和个人缴费，建立医疗保险基金，对参保者因疾病需要就诊时给予一定的经济补偿，以避免参保者遭受经济损失的一项社会保险制度。与城镇职工基本养老保险一样，农业转移人口市民化以后，那些原来就已经参加城镇职工基本医疗保险的人不会增加市民化成本，那些原来没有参加城镇职工基本医疗保险，而参加了新型农村合作医疗保险的人，就会转为参加城镇职工基本医疗保险。城镇职工基本医疗保险费的缴费水平要明显高于新型农村合作医疗保险，并且他们的参保比例也不同，我们把需要增加的医疗保险支出看作是农业转移人口市民化医疗保险成本。

根据《中华人民共和国城镇职工基本医疗保险条例》，城镇职工基本医疗保险缴费比例企业缴费比例为 $5\% \sim 7\%$，我们取 6%，个人缴费比例为 2%，所以企业和个人缴费比例共为 8%，年缴费基数为本人上一年度年工资收入，本处仍以农业转移人口平均工资计算（原因同城镇职工基本养老保险）。在计算城镇职工基本医疗保险成本时，首先以财政对职工基本医疗保险的补贴除以所有参保人数即为人均财政补贴，再加上人均缴费即为城镇职工基本医疗保险年人均筹资。计算如下

城镇职工基本医疗保险年人均筹资

=城镇职工医疗保险人均缴费＋城镇职工医疗保险人均财政补贴

$$=上一年度本人年工资收入 \times 8\% + \frac{本年财政对城镇职工基本医疗保险基金补助}{城镇职工基本医疗保险参保人数}$$

$$=42\,864 \times 8\% + \frac{185.84}{3.03}$$

$$\approx 3\,429.12 + 61.33$$

$$= 3\,490.45\,(\text{元})_{\circ}$$

根据《关于做好 2017 年新型农村合作医疗工作的通知》中的规定，2017年新型农村合作医疗保险人均政府年补贴 450 元/年，个人缴费 180 元/年，集体补贴近似为 0，共为 630（元/年）。

新型农村合作医疗年人均筹资

　　＝政府补贴＋集体补贴＋个人缴费

　　＝450＋0＋180

　　＝630（元）。

农业转移人口市民化年人均医疗保险成本

　　＝城镇基本医疗保险年人均筹资－新型农村合作医疗年人均筹资

　　＝3 490.45－630

　　＝2 860.45（元）。

农业转移人口市民化医疗保险成本如表 3-8 所示。

表 3-8　农业转移人口市民化年人均医疗保险成本

单位：元

年份	城镇职工基本医疗保险 年人均筹资	新型农村合作医疗 年人均筹资	农业转移人口市民化 年人均医疗保险成本
2017	3 490.45	630.00	2 860.45

数据来源：《中国统计年鉴 2017》《中国统计年鉴 2018》《2017 年全国一般公共预算支出决算表》《中华人民共和国城镇职工基本医疗保险条例》《关于做好 2017 年新型农村合作医疗工作的通知》。

3. 城镇职工失业保险成本

根据《中华人民共和国失业保险条例》，城镇职工失业保险制度是由企业和个人共同缴费，并由政府补贴，建立失业保险基金，主要对那些失业而失去生活来源的参保者提供物质帮助的制度。在计算农业转移人口市民化失业保险成本的时候，实际上就是计算农业转移人口参加失业保险需要筹集的资金。

城镇职工失业保险年人均成本

　　＝城镇职工失业保险年人均筹资

　　$= \dfrac{\text{本年失业保险基金收入}}{\text{本年失业保险参保人数}}$

　　$= \dfrac{1\,112.60}{1.88}$

　　$\approx 591.81\,(\text{元})_{\circ}$

4. 城镇职工工伤保险成本

城镇职工工伤保险制度是指由企业缴费，建立工伤保险基金，当参保者在工作中遭受事故伤害或患职业病后能够获得经济补偿，以保障参保者能够得到及时的医疗救治，以分散工伤风险的一种社会保险制度。与失业保险成本一样，在计算农业转移人口市民化工伤保险成本的时候，实际上就是计算农业转移人口参加工伤保险需要筹集的资金。我们以工伤保险基金收入来计算：

$$城镇职工工伤保险年人均成本＝城镇职工工伤保险年人均筹资$$

$$=\frac{本年工伤保险基金收入}{本年工伤保险参保人数}$$

$$=\frac{853.80}{2.27}$$

$$\approx376.12（元）。$$

5. 城镇职工生育保险成本

根据《生育保险办法》，生育保险是由企业缴费，建立生育保险基金，对女性职工在生育期间中断工作时，给予经济补偿以保障其基本生活的一种社会保险制度。生育保险与失业、工伤相同，在计算农业转移人口市民化生育保险成本的时候，实际上就是计算农业转移人口参加生育保险需要筹集的资金。

$$城镇职工生育保险年人均成本$$

$$＝城镇职工生育保险年人均筹资$$

$$=\frac{本年生育保险基金收入}{本年生育保险参保人数}$$

$$=\frac{642.50}{1.93}$$

$$\approx332.90（元）。$$

6. 住房公积金成本

住房公积金是职工为以后买房而进行的长期住房储蓄。根据《住房公积金管理条例》，住房公积金通常以企业和个人缴费，且缴费比率相同，均为不得低于职工上一年度月平均工资的5%，有条件的省、市可以提高缴存比例。本书以最低比例5%计算，企业和个人缴费共为10%。

$$住房公积金年人均筹资$$

$$=上一年度本人年工资收入\times10\%+\frac{本年财政对住房公积金的补贴}{实缴职工人数}$$

$$=42\,864\times10\%+\frac{1\,772.26}{1.37}$$

$$\approx 4\ 286.4 + 1\ 293.62$$

$$= 5\ 580.02\ (元)。$$

（数据来源：《中国统计年鉴 2017》《2017 年全国一般公共预算支出决算表》《全国住房公积金 2017 年度报告》。）

（七）最低生活保障成本

最低生活保障制度是国家对人均收入低于当地政府规定的最低生活标准的人口给予的一种现金补助，以保证其基本生活所需的一种保障制度。通常，城镇最低生活保障标准要高于农村最低生活保障标准，而且农业转移人口在市民化以前不能享受城镇最低生活保障，只有当其市民化，拥有城镇户籍后才能享受城镇低保待遇，所以本书用城镇与农村最低生活保障待遇之差作为最低生活保障成本。全国城镇低保平均保障标准为 540.60 元/（人·月），全国农村低保平均保障标准为 4 300.70 元/（人·年）（表 3-9）。

农业转移人口市民化最低生活保障成本

　　＝城镇人均最低生活保障－农村人均最低生活保障

　　＝540.60×12－4 300.70

　　＝2 186.50（元）。

表 3-9　农业转移人口市民化人均最低生活保障成本

单位：元/（人·年）

年份	城镇人均最低生活保障	农村人均最低生活保障	农业转移人口市民化人均最低生活保障成本
2017	6 487.20	4 300.70	2 186.50

数据来源：《2017 年社会服务发展统计公报》。

四、农业转移人口市民化成本

（一）农业转移人口市民化标准值

在市民化过程中，农业转移人口市民化成本就是考虑城镇新增加一个代表性的农民工，并给予其市民化待遇所需的成本，即农业转移人口达到城镇户籍人口能够享受的福利待遇所发生的成本。因城镇户籍人口对每一项公共服务也不是 100% 享受与参与，所以本书以城镇户籍人口对每一项待遇享受和参与的比率作为标准值，只要农业转移人口能够达到城镇户籍人口享受和参与的水平，就认为他们就实现了市民化。在这个过程中所发生的成本即为农业转移人口市民化成本，以下指标均为城镇户籍人口指标。

（1）生活成本，是每一个城镇户籍居民都比农业转移人口多发生的费用，所以标准值为100%。

（2）根据《2017中国城镇住房空置分析》，中国城镇户籍居民商品房自有率为80.80%，取标准值为80.80%。

（3）保障性住房覆盖率，依据城镇化发展规划取标准值为14%。

（4）城镇市政公用设施建设享有率，因所有的城镇户籍居民都享受城镇市政公用设施，所以标准值为100%。

（5）就业培训覆盖率，根据国家新型城镇化规划，计划实现农业转移人口免费接受基本职业技能培训覆盖率达到95%，以95%为标准值。

（6）城镇户籍学生在公办学校的入学率为100%，我们以此为随迁子女义务教育的标准值。

以下均为计算的城镇户籍居民社会保险参与率。

（7）城镇职工基本养老保险参与率

$$= \frac{城镇职工基本养老保险参保人数-农民工参加城镇职工基本养老保险人数}{城镇户籍人口}$$

$$= \frac{4.03-0.62}{13.90 \times 42.35\%}$$

$$\approx 57.90\%。$$

（8）城镇基本医疗保险参与率

$$= \frac{城镇职工基本医疗保险参保人数-农民工参加城镇职工基本医疗保险人数}{城镇户籍人口}$$

$$= \frac{3.03-0.62}{13.90 \times 42.35\%}$$

$$= 40.92\%。$$

（9）失业保险参与率

$$= \frac{失业保险参保人数-农民工参加失业保险人数}{城镇户籍人口}$$

$$= \frac{1.88-0.49}{13.90 \times 42.35\%}$$

$$= 23.60\%。$$

（10）工伤保险参与率

$$=\frac{工伤保险参保人数-农民工参加工伤保险人数}{城镇户籍人口}$$

$$=\frac{2.27-0.78}{13.90\times42.35\%}$$

$$=25.30\%。$$

（11）生育保险参与率

$$=\frac{生育保险参保人数-农民工参加生育保险人数}{城镇户籍人口}$$

$$=\frac{1.93-0.22}{13.90\times42.35\%}$$

$$=29.03\%。$$

（12）住房公积金缴纳率

$$=\frac{住房公积金实缴职工数-农民工实缴人数}{城镇户籍人口}$$

$$=\frac{1.37-2.87\times9.9\%}{13.90\times42.35\%}$$

$$=\frac{1.37-0.28}{5.89}$$

$$=18.51\%。$$

（13）最低生活保障享有率

$$=\frac{城镇低保对象}{城镇户籍人口}$$

$$=\frac{0.13}{13.90\times42.35\%}$$

$$=2.21\%。$$

（数据来源：《中国统计年鉴 2018》《中国人力资源和社会保障年鉴 2018》《2017 年度人力资源和社会保障事业发展统计公报》。）

农业转移人口市民化标准值如表 3-10 所示。

表 3-10　农业转移人口市民化标准值

标准	指标	标准值
生活成本	—	100.00%
住房成本	商品房自有率	80.80%
	保障性住房覆盖率	14.00%

（续）

标准	指标	标准值
城镇市政设施建设覆盖率	—	100.00%
就业培训覆盖率	—	95.00%
随迁子女义务教育成本	小学教育公办覆盖率	100.00%
	初中教育公办覆盖率	100.00%
	城镇职工基本养老保险参与率	57.90%
	城镇基本医疗保险参与率	40.92%
社会保障成本	失业保险参与率	23.60%
	工伤保险参与率	25.30%
	生育保险参与率	29.03%
	住房公积金缴纳率	18.51%
城镇低保享有率	—	2.21%

数据来源：《中国统计年鉴 2018》《中国城市建设统计年鉴 2018》《2017 年度人力资源和社会保障事业发展统计公报》《2017 年全国农民工监测调查报告》《全国住房公积金 2017 年度报告》《2017 年社会服务发展统计公报》《2017 中国城镇住房空置分析》。

（二）农业转移人口市民化年总成本

根据《中华人民共和国 2017 年国民经济和社会发展统计公报》，我国户籍人口城镇化率为 42.35%，比 2016 年（41.2%）增长了 1.15%。根据 2017 年我国总人口 13.90 亿计算，当年有 1 600 万人进城落户。2017 年，外出农业转移人口 17 185 万人，全国义务教育阶段在校学生中进城务工随迁子女共 1 406.63 万人，其中随迁小学生 1 042.18 万人，随迁初中生 364.45 万人。在校学生中农村留守学生 1 550.56 万人，其中小学生 1 064.48 万人，初中生 486.08 万人，应该随同市民化并接受义务教育的子女人数为

小学生人数

$$= (1\,042.18 + 1\,064.48) \times \frac{0.16}{1.72}$$

$$\approx 2\,106.66 \times 0.09$$

$$\approx 189.60 \,（万人）；$$

初中生人数

$$= (364.45 + 486.08) \times \frac{0.16}{1.72}$$

$$\approx 850.53 \times 0.09$$

≈76.55（万人）。

农业转移人口市民化年总成本

＝生活总成本＋住房总成本＋城镇市政公用设施建设总成本＋就业总成本＋社会保险总成本＋城镇最低生活保障总成本＋随迁子女义务教育总成本

＝生活成本×0.16×100％＋（商品住房成本×0.16×80.8％＋保障房成本×0.16×14％）＋城镇市政公用设施建设成本×0.16×100％＋就业成本×0.16×95％＋（城镇职工基本养老保险成本×0.16×57.90％＋城镇职工基本医疗保险成本×0.16×40.92％＋失业保险成本×0.16×23.60％＋工伤保险成本×0.16×25.30％＋生育保险成本×0.16×29.03％＋住房公积金成本×0.16×18.51％）＋城镇最低生活保障成本×0.16×2.21％＋（988.01×189.60×100％＋1 957.99×76.55×100％）÷10 000

＝[14 581.74×100％＋（266 261.42×80.80％＋44 700×14％）＋2 374.40×100％＋800×95％＋（12 456.37×57.90％＋2 860.45×40.92％＋591.81×23.60％＋376.12×25.30％＋332.90×29.03％＋5 580.02×18.51％）＋2 186.50×2.21％]×0.16＋18.73＋14.99

≈[14 581.74＋（215 139.23＋6 258）＋2 374.40＋760＋（7 212.24＋1 170.50＋139.67＋95.16＋96.64＋1 032.86）＋48.32]×0.16＋33.72

≈[14 581.74＋221 397.23＋2 374.40＋760＋9 747.07＋48.32]×0.16＋33.72

≈248 908.76×0.16＋33.72

≈39 859.12（亿元）。

（三）农业转移人口市民化年人均成本

农业转移人口市民化年人均成本

$$=\frac{农业转移人口市民化年总成本}{年市民化人数}$$

$$=\frac{39\ 859.12}{0.16}$$

＝249 119.50（元/年）。

在农业转移人口市民化年人均成本中，住房成本为 221 397.23 元，为每年一次性支出成本，其他成本则为每年都需要累加支出的成本。

五、农业转移人口市民化成本的比较

（一）2017 年与户籍改革初期（2014 年）市民化成本的比较

2017 年与户籍改革初期（2014 年）农业转移人口市民化各单项成本的比较如表 3－11 所示。

表 3－11　2017 年与户籍改革初期（2014 年）农业转移人口市民化各单项成本的比较

单位：元

标准	指标	2014 年	2017 年
生活成本	—	13 670.69	14 581.74
住房成本	商品房成本	129 713.51	266 261.42
	保障性住房成本	42 240.00	44 700.00
市政公用设施建设成本	—	1 422.90	2 374.40
就业培训成本	—	800.00	800.00
子女义务教育成本	子女生均小学教育成本	405.15	988.01
	子女生均初中教育成本	780.82	1 957.99
社会保障成本	城镇职工基本养老保险成本	11 039.81	12 456.37
	城镇基本医疗保险成本	2 617.17	2 860.45
	失业保险成本	1 123.73	591.81
	工伤保险成本	199.17	376.12
	生育保险成本	192.75	332.90
	住房公积金成本	4 744.06	5 580.02
城镇低保成本	—	2 260.12	2 186.50

从表 3－11 中可以看出，2017 年农业转移人口市民化成本与新一轮户籍改革初期的 2014 年相比，各单项成本普遍有所增加。其中，住房成本由 12.97 万元增加到了 26.62 万元，商品房单价由 5 933 元/米^2 上涨到了 7 614 元/米^2。城镇市政公用设施建设成本和子女义务教育成本也有较多的增加。其中，城镇市政公用设施建设成本由 1 422.9 元增加到 2 374.40 元，子女义务教

育成本，小学教育成本均由 405.15 元增加到 988 元，初中教育成本均由
780.82 元增加到 1 957.99 元，而社会保障成本普遍有所下降，主要是国家降
低社保费率的结果。另外，结合两年各指标的标准值，可计算出 2014 年人均
成本为 12 万元，而 2017 年则为 24 万元。总体来说，农业转移人口市民化成
本增加较多。

（二）不同规模城市市民化住房价格的比较

由表 3 - 11 可以看出，农业转移人口市民化成本的增加主要是由于商品住
房价格上涨引起的。在表 3 - 12 中，我们选择长三角地区同一区域不同规模的
三个城市作为比较对象，分别为杭州市、温州市和平湖市。从表 3 - 12 中可以
看出，在同一区域规模越大的城市住房成本越高，规模越小的城市住房成本
越低。

表 3 - 12　不同规模城市市民化住房价格的比较

单位：元/米²

标准	指标	杭州市 （省会城市）	温州市 （地级市）	平湖市 （县级市）
住房价格	商品房价格	21 226.26	16 410.54	11 831.70
	保障性住房价格	4 341.00	4 554.86	2 850.00

数据来源：《杭州统计年鉴 2018》《温州统计年鉴 2018》《平湖统计年鉴 2018》。

本　章　小　结

本章首先介绍了农业转移人口市民化成本的测算思路、计算方法、数据来
源和指标选取。本书以一个农业转移人口从农村进入城镇并享受与户籍城镇人
口相同的公共服务所花费的成本作为农业转移人口市民化成本，主要选取生活
成本、住房成本（包括商品房成本和保障性住房成本）、城镇市政公用设施建
设成本、就业成本、随迁子女义务教育成本（包括小学和初中）、社会保险成
本（包括城镇职工基本养老保险成本、城镇职工基本医疗保险成本、城镇职工
失业保险成本、城镇职工工伤保险成本、城镇职工生育保险成本、住房公积金
成本），以及最低生活保障成本。其中，住房成本为一次性支出成本，其他成
本则为每年都需要累加支出的成本。本章中每一单项指标的测算数值为下一章

农业转移人口市民化成本分担机制运行效果的计算提供了数量依据和参考。本章对 2017 年和户籍改革初期（2014 年）的市民化成本进行比较，可以看出成本在增加，主要是因为房价上涨引起的；本章还对同一区域不同规模城市的市民化成本进行比较，可以看出通常大城市的市民化成本要高于小城市的市民化成本，也主要是因为房价不同引起的。

第四章　农业转移人口市民化成本分担机制现状

一、农业转移人口市民化成本分担机制运行主体

（一）政府

长期以来，政府通过工农产品价格"剪刀差"的方式，不断依靠农业剩余价值来发展工业和进行城镇化建设，造成城乡居民在基础设施、公共服务和社会福利等方面的差距越来越大。另外，政府各项制度改革滞后，使那些退出农村、进入城镇从事非农产业的农业转移人口在实现职业转变的同时并没有实现身份的转换，没能成为真正的市民，更没有享受到城市居民应该享有的福利待遇。农业转移人口市民化成本的实质是打破原有的城乡二元分割的户籍制度，提升农业转移人口权利待遇和福利保障水平，使他们享受与城镇居民同等的社会保障、住房、医疗、教育和基础设施等公共产品和服务所需要的成本，是拉平城乡公共服务水平差距所产生的费用。作为城乡社会福利差距的制造者和公共服务的提供者，政府有责任也有义务承担农业转移人口市民化成本，成为市民化成本的主要承担者。作为世界第二大经济体，我国经济增长持续加快，财政收入逐年增多，尤其是进入 21 世纪以来，税收收入出现了连续十余年之久的快速增长，促使财政收入增长也更加强劲。无论是用于城市功能完善和承载力提升的各种成本，还是用于农业转移人口社会福利水平提高的一系列成本，我国政府都完全有能力承担。

市民化责任政府通常分为中央政府和地方政府。在农业转移人口市民化成本分担中，中央政府负责农业转移人口市民化的整体推进，为市民化提供国家

层面的资金支持和制度保障。地方政府需要根据区域内的基本情况，统筹考虑区域发展差异，对本行政区农业转移人口市民化进行总体安排和配套政策，制订具体方案和实施细则；对城镇化发展过程中所引发的新建、扩建城市基础设施和公共服务设施，承担相应的建设、管理和维护成本，为城镇新增市民化人口提供必要的供水、供电、供气、交通运输、环境卫生、邮电通信、城镇绿化等服务，提高城镇人口吸纳和承载能力。

（二）企业

企业作为农业转移人口就业岗位的提供者，在雇佣他们进行生产，并获得经济利益的同时，也为他们提供了基本的工资待遇，并缴纳社会保险中应该由企业承担的那部分成本费用，这是企业应该承担的社会责任，也是企业应尽的义务。通过依法按时足额支付工人的工资，并建立工资增长的长效机制，促进转移人口工资收入不断提高，增强他们市民化转型能力，从而间接承担市民化成本；依法为农业转移人口办理养老、医疗、工伤、失业和生育等社会保险，并缴纳相关保险费用，提高农业转移人口参与城镇职工社会保险的比例，使农业转移人口能够享有与城镇职工相同的社会保险待遇。

（三）农业转移人口

农业转移人口作为市民化的直接受益者，在市民化过程中获得各种福利待遇和基本权利，同时他们也是市民化成本的直接承担者，承担了自身及其家庭在城镇的衣食住行等方面的基本生活成本，是否市民化是农业转移人口基于自身能力自由选择的结果，因此，农业转移人口也必然成为市民化成本分担机制的主体。

二、农业转移人口市民化成本分担机制责任划分

（一）政府的分担责任

1. 承担基础设施建设支出

城镇基础设施是城镇存在和发展的物质基础和承载体，是人们日常生活的基本保障，主要包括市政公用工程设施（如供水、供电、供气、道路、交通和通信等设施）和公共生活服务设施（如教育、医疗卫生、文化体育、商业服务、金融邮电、社区服务等设施）。由于农业转移人口市民化是一项长期而复

杂的系统工程，要求给予转移人口与城镇原居民均等的公共服务，这需要推进基础设施扩容建设，提高城镇的综合承载能力，这就意味着接纳转户进城人口越多，对基础设施的需求就越大，地方政府需要投入的资金也越大。同时，基础设施具有很强的公益性和社会性，属于公共物品的范畴，这就决定了基础设施建设投资必然以政府为主，并将城市建设维护税、城市基础设施配套费、公共事业附加费等收入投入到城镇基础设施的新建和扩建上，提高基础设施建设支出占财政支出的比例，还要优先保障城镇基础设施建设的用地需求。因此，流入地政府承担了城镇基础设施建设的主要投资，不断增加基础设施供给，中央政府给予辅助，发挥政府在基础设施建设投资方面的主导作用。

2. 为农业转移人口提供免费就业培训

当前我国农业转移人口普遍受教育程度低，大多为初中及以下学历水平，这严重影响了他们的就业竞争能力。因此，政府近几年非常重视农业转移人口的培训工作，特别是非农业技能培训。通过在全国范围内开展阳光工程、雨露工程、金蓝领工程，向农业转移人口免费提供就业技能培训，并且每年都通过财政预算增拨大量培训资金用于农业转移人口的就业培训支出，培训资金由地方政府负责，中央给予补贴，培训资金一部分补贴给农业转移人口个人，另一部分补贴给培训机构和企业。农业转移人口在户籍地就业技能定点培训机构参加国家规定目录工种的培训，并取得职业培训合格证书、职业资格证书或专项能力证书、签订六个月以上就业合同，就能获得不同比例的就业培训补贴，使农业转移人口能接受免费和专业的就业指导和职业技能培训，为自身在城镇就业和市民化提供一技之长保障，提高就业能力和工作效率。

3. 将农业转移人口纳入城镇社会保障体系

根据《关于贯彻两个条例扩大社会保障覆盖范围加强基金征缴工作的通知》中的规定，城镇各类用人单位及职工都要依法参加社会保险，履行缴纳社会保险费的义务，享受相应的社会保险待遇。农业转移人口的身份虽然比较特殊，但是在法律上属于企业职工的范畴，应当与城镇职工享受一样的社会保险待遇，包括城镇职工养老保险、城镇基本医疗保险、工伤保险、失业保险及生育保险等城镇社会保险，各种保险的缴费率与城镇职工也应相同。政府已将农业转移人口纳入城镇职工社会保险覆盖范围，那些与用人单位建立稳定劳动关系的农业转移人口都可以参加城镇职工社会保险，平等享受与城镇职工相同的社会保险待遇。政府已将农业转移人口的社保基金筹集纳入国家财政预算，无论是中央政府还是地方政府，每年都会拨付大量的财政资金补充社会保险账户基金，但各自补贴的份额和比例并没有明确的规定，并且也没有列明补贴社会保险的具体项目。农业转移人口在与所在企业终止或解除劳动关系以后，社会保险经办机构可以将城镇职工基本养老保险和基本医疗保险个人账户储存额及失业保险生活补助一次性发给本人。

4. 承担随迁子女义务教育费用

义务教育属于公共产品，根据《中华人民共和国义务教育法》和《国务院关于进一步完善城乡义务教育经费保障机制的通知》中的规定，对于我国所有适龄儿童，都要接受九年义务教育，在义务教育阶段不收学杂费。国家将义务教育全面纳入财政保障范围，全国实行统一的义务教育学校生均公用经费基准定额[119,120]。据此，农业转移人口随迁子女有平等接受义务教育的权利。同时，我国还明确了对于农业转移人口随迁子女要以流入地为主和以公办中小学为主的"两为主"的接收政策，并且《国务院关于解决农民工问题的若干意见》中也明确要求要承担起农业转移人口随迁子女义务教育的责任，有为进城农业转移人口随迁子女提供平等接受义务教育的条件，将农业转移人口随迁子女义务教育纳入当地教育发展规划，列入教育经费预算，并按照实际在校生人数拨付学校公用经费。城市公办学校对农业转移人口随迁子女接受义务教育要与当地学生一样，在收费、管理等方面同等对待。中央财政每年都要下拨城市义务教育补助经费，用于进城务工农业转移人口随迁子女接受义务教育。中央财政的补助资金主要向接收农业转移人口随迁子女较多、条件薄弱的城市学校倾斜，用于接收农业转移人口随迁子女义务教育的学校补充公用经费和改善办学条件[121]。流入地政府已经将大部分农业转移人口随迁子女义务教育纳入了年度财政预算，并对委托承担农业转移人口随迁子女义务教育的民办学校，在办学经费和师资培训方面给予支持，提高办学质量[122]。

另外，城镇保障性住房和最低生活保障主要是针对户籍人口提供，并没有把农业转移人口纳入城镇住房保障和低保保障体系，所以现有的分担机制并没有把农业转移人口市民化保障性住房和最低生活保障纳入自身的分担机制。政府对保障性住房提供得很少（只有极少数提供了公租房），对其成本分担也很少，对最低生活保障成本的分担几乎为零。

（二）企业的分担责任

1. 按时足额支付工资

工资是农业转移人口劳动价值的体现。正视农业转移人口正常的劳动合同和工资待遇，依法与所有被雇农业转移人口签订正规的劳动就业合同，建立权责明确的劳动关系，是农业转移人口享受工资待遇、社会保障和各种福利的基础。企业根据所在地的经济发展水平和消费水平确定合理的工资水平，并根据物价水平和企业效益相应提高农业转移人口的工资待遇和福利水平，切实承担起足额、按时发放工资的法定义务，坚决杜绝拖欠工资的现象，确保工资按期足额发放，并实行农业转移人口与城镇职工同工同酬、同工同时、同工同权，对于工作业绩比较突出的转移人口还可以和城镇正式职工一样有职务升迁和工资上涨的机会。同时，企业还有责任改善工作环境，为农业转移人口提供劳动保护，并按照国家标准与行业要求为他们提供必要的职业病防治措施，使他们能在安全舒适的工作环境中努力工作，提高工作效率。通过企业工资的足额及时发放，农业转移人口可以获得他们最主要的收入来源，可以凭借工资收入承担他们在市民化过程中的个人生活成本等多项成本，并逐步依靠自身力量增强市民化能力，满足其家庭城市化的基本需求，有序与稳定地实现市民化[123]。

2. 依法为农业转移人口缴纳社会保险费用

农业转移人口是企业员工中的一分子，只有当他们和企业能够共同发展、共谋利益、实现双赢的时候，才能实现企业效益的最大化，企业也才能够创造出更多的财富，企业竞争力也才能够随之提高。所以企业应承担对农业转移人口的社会责任，在为他们提供必要的劳动条件和正常工资待遇的同时，还应落实农业转移人口的社会保障权利，给予平等待遇，这是企业的基本责任和义务，是国家法律对企业的明确要求，也是农业转移人口社会保障权益得到实现的前提条件[124,125]。

（三）农业转移人口的分担责任

1. 承担定居城镇的住房和生活成本

由于受"居者有其屋"的传统思想影响，想要落户定居的农业转移人口都希望能在城里有一套产权属于自己的房子，那样心里才觉得稳定、踏实，所谓"安居"才能"乐业"，这也是他们市民化的基础。通常，转移人口可以通过保障性住房、租赁住房和购买商品房的方式来解决住房问题。然而，很多城市的保障性住房只向本市户籍居民提供，并不向农业转移人口开放，即便有的城市向农业转移人口提供，但由于数量少，需求者多，能够获得的也少之又少；租房居住虽然是人们解决住房的主要渠道，但对于想长期定居城市的农业转移人口来说，租房不仅费用高，还要受制于人，也不是长久之计，所以大多数转户进城的新市民以购买商品房的方式获得自己的住房。城镇住房的获得改善了农业转移人口的居住和生活条件，增加了他们的私有财产，因此农业转移人口在享受良好居住环境的同时理应承担城镇较高的住房成本。同时，他们定居城镇以后，相比农村，日常开销必然会加大，2017 年的数据显示，城镇人均月消费支出（扣除居住）为 1 931.90 元，是农村人均月消费支出（扣除居住）的三倍左右，这也要由农业转移人口自己承担。

2. 参加城镇社会保险并缴纳保险费用

我国法律规定，企业职工必须参加社会保险，这是每一个职工的权利，也是每一个职工的义务。在城镇务工生活的农业转移人口，也需要对城镇基本社会保险有一个正确的认识，参加社会保险是自己的责任，但同时也是一项最基本的权利，是国家给予自己的社会福利；参保能够为自身带来好处，能够在失业、工伤、生病、退休养老时给自己提供基本保障，参保以后，无论个人缴纳部分还是企业统筹部分都属于个人收益，个人都有权利享有和分配这些资金。所以，农业转移人口应转变观念，增强参保意识和维权意识，积极主动地参加城镇社会保险并缴纳相关费用，使自己在承担相对高缴费的同时，获得更大的收益，而且一旦参保，就不要随便退保，要坚持长期缴费，达到国家规定的可以享受保险待遇的缴费年限。同时，还应积极主动地争取社会保障权利，对企业不为他们缴纳保险或少交保险，学会借助法律手段维护自身的合法权利，并通过参保和缴费分担自身市民化的社会保障成本。

三、农业转移人口市民化成本分担机制资金来源

（一）政府方面

1. 税收

税收是国家为了实现其职能，按照法律规定的标准，强制、无偿取得的收入，由政府征收，并且取之于民，用之于民。作为国家的权力机构，政府应该为全体国民提供基本的公共服务，应该为农业转移人口市民化转型提供条件，分担农业转移人口市民化市政公用设施成本、社会保障成本和保障性住房成本。我国税收逐年增加，表明我国经济快速发展，尤其是企业和个人收入增加，向政府交纳的税款增加，国家的财政收入增加。同时也说明，国家逐渐富强，各级政府对公共服务投入的能力也在逐渐增强，而农业转移人口市民化转

型是中国经济健康发展的需要，因此，税收就成为政府在市民化成本分担中的主要资金来源。

2. 国有土地使用权出让收入

国有土地使用权出让收入是政府出让国有土地使用权取得的全部土地价款，包括城镇土地转让收入及政府通过低价征收农村土地并进行转让后所获得的收入。随着土地使用制度改革的逐步深入，我国逐步建立起配置土地资源的市场机制。我国城市土地市场发展迅速，尤其是政府从农村低价征收的土地通过非农化转让为城市带来了可观的收入，这部分巨额收益本来就是农民收入的重要组成部分，却被国家通过涉及土地的若干法律法规合理合法征收了。考虑到农业转移人口市民化的巨额成本，各级政府往往从土地使用权转让收入中拿出很大一部分用于城市建设和公共服务的提供，这是我国地方政府在财权与事权严重不匹配情况下的唯一选择，也是许多国家在乡—城人口流动过程中的通常做法。因此，国有土地使用权出让收入就成了我国农业转移人口市民化成本分担资金的重要来源。

（二）企业方面

农业转移人口作为劳动者，首先是为所在企业创造了社会财富，企业从其身上获得了利润，有义务为他们提供合理的工资待遇、升迁机会与福利保障。作为农业转移人口的主要就业载体——企业，它们获得的利润虽然不全部是农业转移人口创造的（其中一部分是城镇职工创造的），可它的一部分必然是农业转移人口劳作的结果，所以企业应该从获得的利润中拿出一部分为农业转移人口支付养老、医疗、工伤、生育等保险费用，还应该拿出一部分为他们提供一些保障性的住房、职工宿舍和住房补贴，这虽然增加了企业的负担，却是企业应该承担的责任和义务，因此，企业利润也构成了农业转移人口市民化成本分担的重要资金来源。

（三）农业转移人口方面

1. 务工收入

工资收入是农业转移人口在城镇务工、经商所获得的以货币计量的劳动报酬，是农业转移人口在城镇的主要收入，也是农业转移人口用以分担其市民化成本的最主要的收入来源，与在农村的务农收入相比，进城务工的工资性收入要丰厚得多。随着城镇用工需求的增加，农业转移人口在城镇的工作和生存状况都发生了巨大的变化，他们的工资收入水平也在大幅上涨。2017 年农民工监测调查报告显示，外出务工的农业转移人口月均收入为 3 805 元/人，比 2016 年增加 233 元，增幅为 6.5%，所以，农业转移人口完全可以凭借自己的工资收入来承担一部分市民化转型成本，依靠自身的力量来逐步增强市民化的能力，从而有序与稳定地实现市民化。

2. 农户储蓄存款

农业转移人口市民化成本的资金来源中有一部分是农业转移人口创造的，即农业转移人口已经间接承担了一部分市民化成本，作为市民化最大的受益者，农业转移人口还应该直接承担一些与其生活直接相关的成本，如与城市市民生活成本的差额、社会保障成本的一部分、住房成本。尤其是住房成本，是农业转移人口承担的最主要也是最大的转型成本，他们能够享受到保障性住房的机会比城里人要少得多，他们要想在城里有自己的住房，多数就是购买商品房，而支付房款的最主要的资金来源就是自己的储蓄存款。近几年来，金融机构中住户个人储蓄存款额在不断提高，2017 年为 1 630 577 亿元，其中农户储蓄存款额约占 1/5，远低于城镇储蓄存款平均水平，也就是说，他们的收入和存款比城里人要少很多，却要支付相同的房价。尽管如此，储蓄存款仍然是农业转移人口市民化购房成本支出中最重要的资金来源。

3. 农地收益

虽然越来越多的农业转移人口长期在外打工，但城市就业的不稳定和社会保障的不完善，促使他们仍然保留其在农村的承包地：一方面，农地是他们最后的生存保障，当城市社会最终无法容纳他们的时候，农地还可以承担基本的就业保障和社会保障功能；另一方面，农地是农业转移人口市民化时可以变现的一种资本，对于每一个农民，土地是他们最大的资产。随着国家对农业生产补贴的逐年增多，农地负担逐步减轻，农地带来的经营收益也逐年增加，在其收入中占有很大的比重，因此，很多人选择兼业经营的方式，既从事城市的工业生产，也不放弃农村承包土地的生产经营，这不仅可以获得城市务工工资收入，还可以同时获得农村土地的经营收益。还有一些农业转移人口由于其在农村的承包地面积太少，抑或是他们长年在外，很少回农村，他们就会将农村的承包地流转给他人，以此获得土地的流转收益。伴随着我国农地制度的进一步完善和农业连年丰产丰收，农民对土地的预期收益增加，农地的流转价格也越来越高。在市民化的过程中，农业转移人口可以将自己拥有的土地权利变现来承担一部分市民化成本。

四、农业转移人口市民化成本分担机制运行效果

(一) 从成本总额来看

本书以城镇户籍居民目前享受的公共服务水平为标准值,农业转移人口已经享受到的公共服务是目前已经分担了的市民化成本,它们之间的差额即为未分担的市民化成本。其中,

已分担的市民化年人均生活成本

=农业转移人口人均生活支出-农村居民人均生活支出

=(农业转移人口人均消费支出-农业转移人口人均居住支出)-(农村居民人均消费支出-农村居民人均居住支出)

=(1 200×12-565×12)-(10 954.50-2 353.50)

=7 620-8 601

=-981 (元)。

已分担的市民化年人均生活成本为-981元,说明农业转移人口扣除居住支出后的生活支出低于农村居民,农业转移人口进入城镇以后虽然日常消费支出比在农村生活消费支出增加了,但他们的城镇支出中很大一部分是居住成本,为6 780元/(人·年),居住支出占其生活消费支出的比重达47%,远高于农村居民居住成本的2 353.50元的水平。如果将这部分成本扣除,他们在其他方面的消费低于在农村的消费,为-981元,说明农业转移人口进入城镇以后,他们成为城镇中的低收入人群,他们不仅要应对较高的居住成本,还要将大部分的收入寄回农村的家中抚养家人。如果市民化的农业转移人口还想要为买房积累资金,那么他们不得不压缩自己的日常开销,导致他们的日常生活支出下降。

依据2018年农民工监测调查报告,进城农民工中,购买住房的占19%,与2017年持平,2.9%享受保障性住房,比2017年提高0.2个百分点。可以确定,2017年农业转移人口商品房自有率为19%,保障性住房享受率为2.7%。

农业转移人口已经在城镇中工作和生活,他们对城镇市政公用设施全部享受,所以实际享受率为100%。

根据2017年农民工监测调查报告,农业转移人口接受就业培训的比率为35.5%。

截至2017年年底,全国义务教育阶段,在校学生中进城务工随迁子女共

1 406.63万人，其中随迁小学生1 042.18万人，随迁初中生364.45万人；在校学生中农村留守儿童1 550.56万人，其中小学生1 064.48万人，初中生486.08万人。因此

农业转移人口子女享有城镇小学公办教育比率

$$=\frac{随迁小学生\times(公办学校就读率+有政府资助民办学校就读率)}{随迁小学生+留守小学生}$$

$$=\frac{1\,042.18\times(82.20\%+10.80\%)}{1\,042.18+1\,064.48}$$

$$\approx\frac{969.23}{2\,106.66}$$

$$\approx0.46。$$

农业转移人口子女享有城镇初中公办教育比率

$$=\frac{随迁初中生\times(公办学校就读率+有政府资助民办学校就读率)}{随迁初中生+留守初中生}$$

$$=\frac{364.45\times(85.9\%+9.7\%)}{364.45+486.08}$$

$$\approx\frac{348.41}{850.53}$$

$$\approx0.41。$$

由于数据的不可得，以及外出农业转移人口社保参保率与全体农业转移人口参保率相近，社会保障成本中外出农业转移人口"五险一金"参保率均以全体农业转移人口参保率替代。

农业转移人口市民化成本分担效果如表4-1所示。

表4-1　农业转移人口市民化成本分担效果

标准	指标	标准值（城镇户籍人口值）	已分担值（农业转移人口实际值）	未分担且由本年分担值
生活成本	—	14 581.74元	−981元	15 562.74元
住房成本	商品房自有率	80.80%	19%	61.80%
	保障性住房覆盖率	14%	2.7%	11.3%
城镇市政公用设施建设覆盖率	—	100%	100%	0
就业培训覆盖率	—	95%	35.5%	59.5%

（续）

标准	指标	标准值（城镇户籍人口值）	已分担值（农业转移人口实际值）	未分担且由本年分担值
子女义务教育成本	享有城镇小学公办教育比率	100%	46%	54%
	享有城镇初中公办教育比率	100%	41%	59%
社会保障成本	城镇职工基本养老保险参与率	57.90%	21.60%	36.3%
	城镇基本医疗保险参与率	40.92%	21.60%	19.32%
	失业保险参与率	23.60%	17.07%	6.53%
	工伤保险参与率	25.30%	27.18%	−1.88%
	生育保险参与率	29.03%	7.67%	21.36%
	住房公积金缴纳率	18.51%	9.9%	8.61%
城镇低保享有率	—	2.21%	0	2.21%

数据来源：《中国统计年鉴 2018》《2017 年度人力资源和社会保障事业发展统计公报》《2018 年全国农民工监测调查报告》《全国住房公积金 2017 年度报告》《2017 年社会服务发展统计公报》。

已分担农业转移人口市民化年总成本

＝生活总成本＋住房总成本＋城镇市政公用设施建设总成本＋就业成本＋社会保险总成本＋城镇最低生活保障总成本＋子女义务教育总成本

＝已分担生活成本×0.16＋（商品住房成本×0.16×19%＋保障房成本×0.16×2.7%）＋城镇市政公用设施建设成本×0.16×100%＋就业成本×0.16×35.5%＋（城镇职工养老保险成本×0.16×21.60%＋城镇职工医疗保险成本×0.16×21.60%＋失业保险成本×0.16×17.07%＋工伤保险成本×0.16×27.18%＋生育保险成本×0.16×7.67%＋住房公积金成本×0.16×9.9%）＋最低生活保障成本×0.16×0＋（子女生均小学教育成本×189.60×46%＋子女生均初中教育成本 76.55×41%）÷10 000

＝[−981＋（266 261.42×19%＋44 700×2.70%）＋2 374.40×100%＋800×35.5%＋（12 456.37×21.60%＋2 860.45×21.60%＋591.81×17.07%＋376.12×27.18%＋332.90×7.67%＋5 580.02×9.90%）＋2 186.50×0]×0.16＋（988.01×189.60×46%＋1 957.99×76.55×41%）÷10 000

$$=[-981+(50\ 589.67+1\ 206.90)+2\ 374.40+284+(2\ 690.58+$$
$$617.86+101.02+102.23+25.53+552.42)+0]\times 0.16+(8.62+$$
$$6.15)$$
$$=[-981+51\ 796.57+2\ 374.40+284+4\ 089.64+0]\times 0.16+14.77$$
$$=57\ 563.61\times 0.16+14.77$$
$$=9\ 224.95\ （亿元）。$$

未分担且由本年分担的市民化年总成本

$$=农业转移人口市民化年总成本-已分担农业转移人口市民化年总$$
$$成本$$
$$=39\ 859.12-9\ 224.95$$
$$=30\ 634.17\ （亿元）。$$

已分担农业转移人口市民化年人均成本

$$=\frac{9\ 224.95}{0.16}$$
$$\approx 5.77\ （万元）。$$

未分担且由本年分担的农业转移人口市民化年人均成本

$$=24.91-5.77$$
$$=19.14\ （万元）。$$

从计算结果来看，已分担的农业转移人口市民化年总成本占年总成本的23.14%，未分担的市民化年总成本占76.86%，市民化成本大部分没有被分担，导致农业转移人口没有享受到城镇户籍居民已经享受到的公共服务。其中，城镇市政公用设施建设成本和随迁子女义务教育成本已分担较多，而住房成本、社保成本分担较少。

（二）从时间分布来看

根据我国户籍城镇化率，可以计算农业转移人口市民化人数：农业转移人口市民化人数=总人口×户籍城镇化率增长率[126]。

农业转移人口市民化人数如表4-2所示。

根据我国历年政府工作报告，2018年再进城落户1 300万人，2019年推进1 400万农业转移人口在城镇落户，但依据表4-2的计算，2009—2019年，每年平均有0.14亿农业转移人口转化为市民，2018年比政府计划数超额完成，实际落户农业转移人口为1 400万人，2019年完成计划数。假设从2020年

表 4 - 2 农业转移人口市民化人数

单位:%,亿

年份	户籍城镇化率	户籍城镇化率 增长率	总人口	农业转移人口 市民化人数
2008	33.28	—	—	—
2009	33.77	0.49	13.35	0.07
2010	34.16	0.39	13.41	0.05
2011	34.71	0.55	13.47	0.07
2012	35.33	0.62	13.54	0.08
2013	35.93	0.60	13.61	0.08
2014	36.63	0.70	13.68	0.10
2015	39.90	3.27	13.75	0.45
2016	41.20	1.30	13.83	0.18
2017	42.35	1.15	13.90	0.16
2018	43.37	1.02	13.95	0.14
2019	44.38	1.01	14.00	0.14
平均值	—	0.96	—	0.14

及以后各年农业转移人口仍然以这个速度市民化,每年均有 0.14 亿农业转移人口转为市民,且农业转移人口市民化成本中住房成本是一次性支出,如第一年市民化的农业转移人口需要一次性支付当年的住房成本,到第二年只需支付第二年市民化的农业转移人口的住房成本就可以了,第三年以后依此类推,但其他成本需要累加,如第一年支付了当年农业转移人口的失业保险成本,第二年需支付当年和上一年的农业转移人口的失业保险成本,也就是说到了第二年,第一年的农业转移人口的失业保险成本仍然在发生,同时又增加了当年市民化的农业转移人口的失业保险成本,所以需要支付两年的农业转移人口的失业保险成本,第三年以后依此类推,除住房成本以外的其他成本都是如此。对于已分担成本和未分担成本亦是如此[127]。

根据本章从成本总额来看农业转移人口市民化成本分担机制运行效果中的计算可知,

市民化年人均住房成本

=(商品住房成本×0.16×80.8%+保障房成本×0.16×14%)/0.16

=266 261.42×80.80％＋44 700×14％

= 215 139.23＋6 258

=22.14（万元）。

市民化年人均其他成本

=市民化年人均成本－市民化年人均住房成本

=24.91－22.14

=2.77（万元）。

已分担市民化年人均住房成本

=（商品住房成本×0.16×19％＋保障房成本×0.16×2.7％)/0.16

= 266 261.42×19％＋44 700×2.7％

=50 589.67＋1 206.9

=5.18（万元）。

未分担市民化年人均住房成本

=年人均住房成本－已分担年人均住房成本

=22.14－5.18

=16.96（万元）。

已分担除住房以外的年人均其他成本

=已分担市民化年人均成本－已分担市民化年人均住房成本

=5.77－5.18

=0.59（万元）。

未分担且由本年分担的除住房成本以外的年人均其他成本

=未分担市民化年人均成本－未分担市民化年人均住房成本

=19.14－16.96

=2.18（万元）。

根据我国历年户籍人口城镇化率计算，2018 年再进城落户 1 400 万人，2019 年推进 1 400 万农业转移人口在城镇落户。2009～2019 年，户籍城镇化率从 34.16％上升到 44.38％，年均 1.02％。我们以我国户籍城镇化率年均以 1％的速度增长计算，则每年约有 0.14 亿农业转移人口市民化。

1. 2018 年

年人均市民化成本

=2018 年住房成本＋2018 年其他成本＋2017 年其他成本

=22.14×0.14＋2.77×0.14＋2.77×0.16

=3.93（万亿元）。

已分担成本

=2018 年已分担年住房成本＋2018 年已分担年其他成本＋2017 年已分担年其他成本

=5.18×0.14＋0.59×0.14＋0.59×0.16

=0.90（万亿元）。

未分担且由本年分担的成本

=2018 未分担年住房成本＋2018 年未分担年其他成本＋2017 年未分担年其他成本

=16.96×0.14＋2.18×0.14＋2.18×0.16

=3.03（万亿元）。

2. 2019 年

年人均市民化成本

=2019 年住房成本＋2019 年其他成本＋2018 年其他成本＋2017 年其他成本

=22.14×0.14＋2.77×0.14＋2.77×0.14＋2.77×0.16

=4.32（万亿元）。

已分担成本

=2019 年已分担年住房成本＋2019 年已分担年其他成本＋2018 年已分担年其他成本＋2017 年已分担年其他成本

=5.18×0.14＋0.59×0.14＋0.59×0.14＋0.59×0.16

=0.99（万亿元）。

未分担且由本年分担的成本

=2019 年未分担年住房成本＋2019 年未分担年其他成本＋2018 年未分担年其他成本＋2017 年未分担年其他成本

=16.96×0.14＋2.18×0.14＋2.18×0.14＋2.18×0.16

=3.33（万亿元）。

3. 2020 年

年人均市民化成本

=2020 年住房成本＋2020 年及以后年均其他成本＋2019 年其他成本＋2018 年其他成本＋2017 年其他成本

=22.14×0.14＋2.77×0.14＋2.77×0.14＋2.77×0.14＋2.77×0.16

＝4.71（万亿元）。

已分担成本

　　＝2020 年已分担年住房成本＋2020 年及以后年均已分担年其他成本＋
　　2019 年已分担年其他成本＋2018 年已分担年其他成本＋2017 年已分
　　担年其他成本

　　＝5.18×0.14＋0.59×0.14＋0.59×0.14＋0.59×0.14＋0.59×0.16

　　＝1.07（万亿元）。

未分担且由本年分担的成本

　　＝2020 年未分担年住房成本＋2020 年及以后年均未分担年其他成本＋
　　2020 年未分担年其他成本＋2019 年未分担年其他成本＋2018 年未分
　　担年其他成本＋2017 年未分担年其他成本

　　＝16.96×0.14＋2.18×0.14＋2.18×0.14＋2.18×0.14＋2.18×0.16

　　＝3.64（万亿元）。

4. 2021 年

市民化成本

　　＝2020 年住房成本＋2020 年及以后年均其他成本×2＋2019 年其他
　　成本＋2018 年其他成本＋2017 年其他成本

　　＝22.14×0.14＋2.77×0.14×2＋2.77×0.14＋2.77×0.14＋
　　2.77×0.16

　　＝5.09（万亿元）。

已分担成本

　　＝2020 年已分担年住房成本＋2020 年及以后年均已分担年其他成本×
　　2＋2019 年已分担年其他成本＋2018 年已分担年其他成本＋2017 年
　　已分担年其他成本

　　＝5.18×0.14＋0.59×0.14×2＋0.59×0.14＋0.59×0.14＋0.59×0.16

　　＝1.15（万亿元）。

未分担且由本年分担的成本

　　＝2020 年未分担年住房成本＋2020 年及以后年均未分担年其他成本×
　　2＋2020 年未分担年其他成本＋2019 年未分担年其他成本＋2018 年
　　未分担年其他成本＋2017 年未分担年其他成本

　　＝16.96×0.14＋2.18×0.14×2＋2.18×0.14＋2.18×0.14＋2.18×0.16

　　＝3.95（万亿元）。

2018—2035 年新增农业转移人口市民化成本分布及分担情况如表 4-3 所示。

表 4-3　2018—2035 年新增农业转移人口市民化成本分布及分担情况

单位：万亿元

成本分布	2018 年	2019 年	2020 年	2021 年	2022 年	2023 年	2024 年	2025 年	2030 年	2035 年
市民化成本	3.93	4.32	4.71	5.09	5.48	5.87	6.26	6.65	8.58	10.52
已分担成本	0.90	0.99	1.07	1.15	1.23	1.32	1.40	1.48	1.89	2.31
未分担且由当年分担的成本	3.03	3.33	3.64	3.94	4.25	4.55	4.86	5.17	6.69	8.21

数据来源：《中国统计年鉴 2018》《2017 年度人力资源和社会保障事业发展统计公报》《2018 年全国农民工监测调查报告》《全国住房公积金 2017 年度报告》《2017 年社会服务发展统计公报》。

（三）从空间分布来看

2017 年我国外出农民工（即本书所指的农业转移人口）17 185 万人，按输出地来分，东部地区为 4 714 万人，占农业转移人口总数的 27.43%；中部地区为 6 392 万人，占农业转移人口总数的 37.20%；西部地区为 5 470 万人，占农业转移人口总数的 31.83%；东北地区为 609 万人，占农业转移人口总数的 3.54%。按输入地来分，东部地区为 10 277 万人，占农业转移人口总数的 59.80%；中部地区为 2 854 万人，占农业转移人口总数的 16.61%；西部地区为 3 410 万人，占农业转移人口总数的 19.84%；东北地区为 565 万人，占农业转移人口总数的 3.29%；其他地区为 79 万人，占农业转移人口总数的 0.46%。

各区域农业转移人口数及占比情况如表 4-4 所示。

表 4-4　各区域农业转移人口数及占比情况

单位：万人,%

地区	按输出地来分				按输入地来分		
	①农民工总数	②外出农民工（即本书中所指的农业转移人口）		③=①-②本地农民工数	④农民工总数	⑤=④-③外出农民工（即本书中所指的农业转移人口）	
		总人数	比重			总人数	比重
东部地区	10 430	4 714	27.43	5 716	15 993	10 277	59.80
中部地区	9 450	6 392	37.20	3 058	5 912	2 854	16.61
西部地区	7 814	5 470	31.83	2 344	5 754	3 410	19.84

（续）

地区	按输出地来分				按输入地来分			
	①农民工总数	②外出农民工（即本书中所指的农业转移人口）		③＝①－②本地农民工数	④农民工总数	⑤＝④－③外出农民工（即本书中所指的农业转移人口）		
		总人数	比重			总人数	比重	
东北地区	958	609	3.54	349	914	565	3.29	
其他地区	0	0	0	0	79	79	0.46	
合计	28 652	17 185	100	11 467	28 652	17 185	100	

数据来源：《2017年农民工监测调查报告》。

按照当年有1 600万农业转移人口市民化来计算，且通常在市民化成本中，农业转移人口的就业成本（就业培训补贴）是由流出地（户籍地）政府分担的，而其他成本则是由流入地政府分担，则分担如下：

1. 东部地区

农业转移人口市民化年成本

＝（人均年市民化成本－人均年就业成本×就业培训覆盖率标准值）×东部地区农业转移人口流入量＋人均就业成本×东部地区农业转移人口流出量×就业培训覆盖率标准值

＝（249 119.50－800×95%）×0.16×59.80%＋800×0.16×27.43%×95%

＝23 763.04＋33.36

＝23 796.40（亿元）。

已分担农业转移人口市民化年成本

＝（已分担市民化年人均成本－人均年就业成本×就业培训实际覆盖率）×东部地区农业转移人口流入量＋人均就业成本×流入地农业转移人口流出量×就业培训实际覆盖率

＝（57 655.94－800×35.50%）×0.16×59.80%＋800×0.16×27.43%×35.50%

＝5 489.35＋12.46

＝5 501.81（亿元）。

未分担农业转移人口市民化年成本

＝农业转移人口市民化年成本－已分担农业转移人口市民化年成本

＝23 796.40－5 501.81

＝18 294.59（亿元）。

2. 中部地区

农业转移人口市民化成本

$\quad$=(人均年市民化成本-人均年就业成本×就业培训覆盖率标准值)×
中部地区农业转移人口流入量+人均就业成本×中部地区农业转移
人口流出量×就业培训覆盖率标准值

$\quad$=(249 119.50-800×95％)×0.16×16.61％+800×0.16×37.20％×95％

$\quad$=6 600.40+45.24

$\quad$=6 645.64（亿元）。

已分担农业转移人口市民化成本

$\quad$=(已分担人均年市民化成本-人均年就业成本×就业培训实际覆盖
率)×中部地区农业转移人口流入量+人均就业成本×中部地区农
业转移人口流出量×就业培训实际覆盖率

$\quad$=(57 655.94-800×35.50％)×0.16×16.61％+800×0.16×
37.20％×35.50％

$\quad$=1 524.72+16.90

$\quad$=1 541.62（亿元）。

未分担农业转移人口市民化年成本

$\quad$=农业转移人口市民化年成本-已分担农业转移人口市民化年成本

$\quad$=6 645.64-1 541.62

$\quad$=5 104.02（亿元）。

3. 西部地区

农业转移人口市民化成本

$\quad$=(人均年市民化成本-人均年就业成本×就业培训覆盖率标准值)×
西部地区农业转移人口流入量+人均就业成本×西部地区农业转移
人口流出量×就业培训覆盖率标准值

$\quad$=(249 119.50-800×95％)×0.16×19.84％+800×0.16×31.83％×95％

$\quad$=7 883.92+38.71

$\quad$=7 922.63（亿元）。

已分担农业转移人口市民化成本

$\quad$=(已分担人均年市民化成本-人均年就业成本×就业培训实际覆盖
率)×西部地区农业转移人口流入量+人均就业成本×西部地区农
业转移人口流出量×就业培训实际覆盖率

$$=(57\ 655.94-800\times35.50\%)\times0.16\times19.84\%+800\times0.16\times$$
$$31.83\%\times35.50\%$$
$$=1\ 821.22+14.46$$
$$=1\ 835.68（亿元）。$$

未分担农业转移人口市民化年成本

$$=农业转移人口市民化年成本-已分担农业转移人口市民化年成本$$
$$=7\ 922.63-1\ 835.68$$
$$=6\ 086.95（亿元）。$$

4. 东北地区

农业转移人口市民化成本

$$=（人均年市民化成本-人均年就业成本\times就业培训覆盖率标准值）\times$$
东北地区农业转移人口流入量+人均就业成本\times东北地区农业转移
人口流出量\times就业培训覆盖率标准值
$$=（249\ 119.50-800\times95\%）\times0.16\times3.29\%+800\times0.16\times3.54\%\times95\%$$
$$=1\ 307.36+4.31$$
$$=1\ 311.67（亿元）。$$

已分担农业转移人口市民化成本

$$=（已分担人均年市民化成本-人均年就业成本\times就业培训实际覆盖$$
率）\times东北地区农业转移人口流入量+人均就业成本\times东北地区农
业转移人口流出量\times就业培训实际覆盖率
$$=（57\ 655.94-800\times35.50\%）\times0.16\times3.29\%+800\times0.16\times3.54\%\times$$
$$35.50\%$$
$$=302.01+1.61$$
$$=303.62（亿元）。$$

未分担农业转移人口市民化年成本

$$=农业转移人口市民化年成本-已分担农业转移人口市民化年成本$$
$$=1\ 311.67-303.62$$
$$=1\ 008.05（亿元）。$$

5. 其他地区

农业转移人口市民化成本

$$=（人均年市民化成本-人均年就业成本\times就业培训覆盖率标准值）\times$$
其他地区农业转移人口流入量+人均就业成本\times其他地区农业转移

人口流出量×就业培训覆盖率标准值

$= (249\,119.50 - 800 \times 95\%) \times 0.16 \times 0.46\% + 800 \times 0.16 \times 0 \times 95\%$

$= 182.79 + 0$

$= 182.79$（亿元）。

已分担农业转移人口市民化成本

$=$（已分担人均年市民化成本-人均年就业成本×就业培训实际覆盖率）×其他地区农业转移人口流入量+人均就业成本×其他地区农业转移人口流出量×就业培训实际覆盖率

$= (57\,655.94 - 800 \times 35.50\%) \times 0.16 \times 0.46\% + 800 \times 0.16 \times 0 \times 35.50\%$

$= 42.23 + 0$

$= 42.23$（亿元）。

未分担农业转移人口市民化年成本

$=$ 农业转移人口市民化年成本-已分担农业转移人口市民化年成本

$= 182.79 - 42.23$

$= 140.56$（亿元）。

各区域分担市民化成本情况如表 4-5 所示。

表 4-5 各区域分担市民化成本情况

单位：亿元

成本	东部地区	中部地区	西部地区	东北地区	其他地区
市民化成本	23 796.40	6 645.64	7 922.63	1 311.67	182.79
已分担成本	5 501.81	1 541.62	1 835.68	303.62	42.23
未分担成本	18 294.59	5 104.02	6 086.95	1 008.05	140.56

数据来源：《中国统计年鉴 2018》《2017 年人力资源和社会保障事业发展统计公报》《2017 年全国农民工监测调查报告》《全国住房公积金 2017 年度报告》《2017 年社会服务发展统计公报》《2014—2020 城镇化发展规划》。

（四）从主体分布来看

对于社会保险，国家对个人和企业的缴费比率有明确规定：《关于完善城镇社会保障体系的试点方案》中规定，城镇职工基本养老保险企业缴费比率为 20%，个人缴费率为 8%；《国务院关于建立城镇职工基本医疗保险制度的决定》中规定，企业为职工缴纳城镇基本医疗保险缴费率为职工工资总额的

6％，个人缴费率为 2％；《中华人民共和国失业保险条例》第六条规定，城镇职工失业保险企业缴费率为本单位职工工资总额 2％，个人缴费率为本人工资总额的 1％；《关于做好 2017 年降成本重点工作的通知》中规定，城镇职工失业保险总费率下调到 1％，企业和个人各占 0.5％；《关于工伤保险费率问题的通知》中规定了三类行业的基准费率，分别约为用人单位职工工资总额的 0.5％、1％、2％，我们取最低 0.5％计算，均为企业缴纳，个人不缴费；《生育保险办法》第六条规定，企业为职工缴纳生育保险费比例为职工工资总额 0.5％，个人不缴费；《关于工资总额组成的规定》第四条规定，工资总额应包括基本工资、资金、津贴、加班加点工资等。职工个人月工资总额超过上年度职工月平均工资 300％的，按照上年度职工月平均工资 300％作为缴费基数；低于上年度职工月平均工资 60％的，按照上年度职工月平均工资 60％作为缴费基数；60％~300％的，以本人上年度月平均工资作为缴费工资基数。2016 年农业转移人口月平均工资为 3 572 元，约为城镇职工月平均工资 68 993/12＝5 749.42 元的 62％。据此，我们以农业转移人口本人上年度职工年平均工资总额作为年缴费工资基数，为 3 572×12＝42 864 元。

社会保障成本中各主体分担情况如表 4 - 6 所示。

表 4 - 6　社会保障成本中各主体分担情况

单位：元/(人·年)

五险一金	主体	城镇职工	农村居民	市民化成本
养老保险	个人	42 864×8％＝3 429.12	282.00	3 147.12
	企业	42 864×20％＝8 572.80	0.00	8 572.80
	政府	1 151.81	415.36	736.45
医疗保险	个人	42 864×2％＝857.28	180.00	677.28
	企业	42 864×6％＝2 571.84	0.00	2 571.84
	政府	61.33	450.00	−388.67
失业保险	个人	42 864×0.5％＝214.32	0.00	214.32
	企业	42 864×0.5％＝214.32	0.00	214.32
	政府	163.17	0.00	163.17
工伤保险	个人	0.00	0.00	0.00
	企业	42 864×0.5％＝214.32	0.00	214.32
	政府	161.80	0.00	161.80

（续）

五险一金	主体	城镇职工	农村居民	市民化成本
	个人	0.00	0.00	0.00
生育保险	企业	42 864×0.5％＝214.32	0.00	214.32
	政府	118.58	0.00	118.58
	个人	42 864×5％＝2 143.20	0.00	2 143.20
住房公积金	企业	42 864×5％＝2 143.20	0.00	2 143.20
	政府	1 293.62	0.00	1 293.62

数据来源：《关于完善城镇社会保障体系的试点方案》《中华人民共和国城镇职工基本医疗保险条例》《中华人民共和国失业保险条例》《关于工伤保险费率问题的通知》《生育保险办法》《住房公积金管理条例》《关于做好 2017 年降成本重点工作的通知》《降低社会保险费率综合方案》。

根据第三章和表 4-6 可计算社会保障成本主体分担情况如下。

1. 政府

根据图 3-1 及说明所述农业转移人口市民化成本构成情况，政府应分担成本为城镇市政公用设施建设成本、就业成本、随迁子女义务教育成本、社会保险成本、最低生活保障成本、住房成本（保障性住房成本），所以计算如下：

市民化年政府成本

$\qquad$＝市民化人均年政府成本×年市民化人数

$\qquad$＝（人均城镇市政公用设施建设成本＋就业成本＋社会保险总成本＋城镇最低生活保障总成本＋保障房成本）×年市民化人数＋子女义务教育年成本

$\qquad$＝人均［城镇市政公用设施建设成本＋就业成本＋（城镇职工养老保险＋城镇基本医疗保险＋失业保险＋工伤保险＋生育保险＋住房公积金）＋城镇最低生活保障＋保障房成本]×年市民化人数＋（小学子女义务教育年成本＋初中子女义务教育年成本）

$\qquad$＝（人均城镇市政公用设施建设成本×市政公用设施标准值＋人均就业成本×就业培训覆盖率标准值＋人均城镇职工养老保险政府分担部分×养老保险参保率标准值＋人均城镇基本医疗保险政府分担部分×医疗保险参保率标准值＋人均失业保险政府财政补贴×失业保险参保率标准值＋人均工伤保险政府财政补贴×工伤保险参保率标准值＋人均生育保险政府财政补贴×生育保险参保率标准值＋人均

住房公积金政府财政补贴×住房公积金缴纳率标准值＋城镇最低生活保障人均财政补贴×城镇最低生活保障享受率标准值＋人均保障房成本×保障性住房覆盖率标准值)×年市民化人数＋(随迁子女生均小学教育成本×市民化随迁小学生数×小学公办教育覆盖率标准值＋随迁子女生均初中教育成本×市民化随迁初中生数×初中公办教育覆盖率标准值)

$$= (2\ 374.40 \times 100\% + 800 \times 95\% + 736.45 \times 57.90\% - 388.67 \times$$
$$40.92\% + 163.17 \times 23.60\% + 161.80 \times 25.30\% + 118.58 \times 29.03\% +$$
$$1\ 293.62 \times 18.51\% + 2\ 186.50 \times 2.21\% + 44\ 700 \times 14\%) \times 0.16 +$$
$$(988.01 \times 189.60 \times 100\% + 1\ 957.99 \times 76.55 \times 100\%) \div 10\ 000$$

$$= (2\ 374.40 + 760 + 426.41 - 159.04 + 38.51 + 40.94 + 34.42 +$$
$$239.45 + 48.32 + 6\ 258) \times 0.16 + (18.73 + 14.99)$$

$$= 10\ 061.41 \times 0.16 + 33.72$$

$$= 1\ 609.83 + 33.72$$

$$= 1\ 643.55\ (亿元)。$$

从政府对农业转移人口市民化成本实际分担情况看,政府对城镇市政公用设施建设成本、就业成本已经全额承担了,对随迁子女义务教育成本、社会保险成本分担了一部分,对农业转移人口的保障性住房成本分担比例较低,仅为2.7%,最低生活保障成本则为0,说明现有的成本分担机制几乎没有把农业转移人口的保障性住房和最低生活保障成本纳入政府的分担责任,计算如下:

已分担市民化年政府成本

= 已承担市民化人均年政府成本×年市民化人数

=(城镇市政公用设施建设成本＋就业成本＋社会保险成本＋最低生活保障成本＋保障房成本)×年市民化人数＋子女义务教育成本

=[城镇市政公用设施建设成本＋就业成本＋(城镇职工养老保险＋城镇基本医疗保险＋失业保险＋工伤保险＋生育保险＋住房公积金)＋最低生活保障＋保障房成本]×年市民化人数＋(小学子女义务教育成本＋初中子女义务教育成本)

= 人均城镇市政公用设施建设成本×市政公用设施已分担值＋人均就业成本×就业成本已分担值＋(人均城镇职工养老保险政府分担部分×养老保险参保率已分担值＋人均城镇基本医疗保险政府分担部分×医疗保险参保率已分担值＋人均失业保险政府分担部分×失业

保险参保率已分担值＋人均工伤保险政府分担部分×工伤保险参保率已分担值＋人均生育保险政府分担部分×生育保险参保率已分担值＋人均住房公积金政府财政补贴×住房公积金缴纳率已分担值＋最低生活保障人均财政补贴×最低生活保障享受率已分担值＋人均保障房成本×保障性住房覆盖率已分担值）×年市民化人数＋（随迁子女生均小学教育成本×市民化随迁小学生数×享有城镇小学公办教育比率＋随迁子女生均初中教育成本×市民化随迁初中生数×享有城镇初中公办教育比率）

$= (2\,374.40 \times 100\% + 800 \times 35.5\% + 736.45 \times 21.60\% - 388.67 \times 21.60\% + 163.17 \times 17.07\% + 161.80 \times 27.18\% + 118.58 \times 7.67\% + 1\,293.62 \times 9.9\% + 2\,186.50 \times 0 + 44\,700 \times 2.7\%) \times 0.16 + (988.01 \times 189.60 \times 46\% + 1\,957.99 \times 76.55 \times 41\%) \div 10\,000$

$= (2\,374.40 + 284 + 159.07 - 83.95 + 27.85 + 43.98 + 9.10 + 128.07 + 0 + 1\,206.90) \times 0.16 + (8.62 + 6.15)$

$= 4\,149.42 \times 0.16 + 14.77$

$= 663.91 + 14.77$

$= 678.68$（亿元）。

未分担且由本年分担市民化年政府成本

＝市民化年政府成本－已分担市民化年政府成本

$= 1\,643.55 - 678.68$

$= 964.87$（亿元）。

其中，中央政府和地方政府在各项指标中的实际支出额如表 4-6 所示。根据实际支出额，可以计算两者在各项指标中的实际分担比例，并以这个比例作为两者在农业转移人口市民化各项成本分担中的分担比例。

表 4-7　中央政府和地方政府的分担比例

单位：亿元,%

指标	全国实际值	中央政府本级		地方政府本级		中央对地方的转移支付	
		分担额	占比	分担额	占比	分担额	占比
城镇市政设施建设成本	19 327.60	792.43	4.10	18 535.17	95.90	166.50	0.86
就业培训	817.37	8.93	1.03	808.98	98.97	438.78	53.68

（续）

指标	全国实际值	中央政府本级		地方政府本级		中央对地方的转移支付	
		分担额	占比	分担额	占比	分担额	占比
子女义务教育	13 390.11	11.82	0.09	13 378.29	99.91	1 426.26	10.65
城镇职工基本养老保险	4 641.79	140.61	3.03	4 501.18	96.97	3 530.99	76.07
城镇基本医疗保险	185.84	0	0	185.84	100	0	0
失业保险	312.85	0	0	312.85	100	0	0
工伤保险	255.08	0	0	255.08	100	0	0
生育保险	233.90	0	0	233.90	100	0	0
住房公积金	1 772.26	189.94	10.72	1 582.32	89.28	0	0
最低生活保障	1 475.83	3.30	0.22	1 472.53	99.78	0	0
保障性住房	3 791.56	14.96	0.39	3 776.60	99.61	1 338.38	35.30

数据来源：《2017年全国一般公共预算支出决算表》《2017年地方一般公共预算支出决算表》《2017年中央一般公共预算支出决算表》《2017年中央对地方税收返还和转移支付决算表》。

根据表4-6，我们用政府承担的每一项成本（包括应承担、已承担和未承担）分别乘以表4-7中央政府、地方政府和中央对地方的转移支付各项成本所占比例，然后加总，即可得三者的成本，计算如下

市民化年中央政府成本

＝（人均城镇市政公用设施建设成本×中央政府分担比例×市政公用设施标准值＋人均就业成本×中央政府分担比例×就业培训覆盖率标准值＋人均城镇职工基本养老保险政府分担部分×中央政府分担比例×城镇养老保险参保率标准值＋人均城镇基本医疗保险政府分担部分×中央政府分担比例×城镇基本医疗保险参保率标准值＋人均失业保险政府财政补贴×中央政府分担比例×失业保险参保率标准值＋人均工伤保险政府财政补贴×中央政府分担比例×工伤保险参保率标准值＋人均生育保险政府财政补贴×中央政府分担比例×生育保险参保率标准值＋人均住房公积金政府财政补贴×中央政府分担比例×住房公积金缴纳率标准值＋城镇最低生活保障人均财政补贴×中央政府分担比例×城镇最低生活保障享受率标准值＋保障房成本×中央政府分担比例×保障性住房覆盖率标准值）×年市民化人数＋（随迁子女生均小学教育成本×市民化随迁小学生数×随

迁子女义务教育标准值＋随迁子女生均初中教育成本×市民化随迁初中生数×随迁子女义务教育标准值)×中央政府分担比例

$=(2\ 374.40×4.10\%×100\%+800×1.03\%×95\%+736.45×3.03\%×57.90\%-388.67×0×40.92\%+163.17×0×23.60\%+161.80×0×25.30\%+118.58×0×29.03\%+1\ 293.62×10.72\%×18.51\%+2\ 186.50×0.22\%×2.21\%+44\ 700×0.39\%×14\%)×0.16+(988.01×189.60×100\%+1\ 957.99×76.55×100\%)×0.09\%÷10\ 000$

$=(97.35+7.83+12.92-0+0+0+0+25.67+0.11+24.41)×0.16+(18.73+14.99)×0.09\%$

$=168.29×0.16+33.72×0.09\%$

$=26.93+0.03$

$=26.96$（亿元)。

已分担市民化年中央政府成本

＝已分担市民化人均中央政府成本×年市民化人数

＝人均城镇市政公用设施建设成本×中央政府分担比例×市政公用设施已分担值＋人均就业成本×中央政府分担比例×就业成本已分担值＋(人均城镇职工养老保险政府分担部分×中央政府分担比例×养老保险参保率已分担值＋人均城镇基本医疗保险政府分担部分×中央政府分担比例×医疗保险参保率已分担值＋人均失业保险政府分担部分×中央政府分担比例×失业保险参保率已分担值＋人均工伤保险政府分担部分×中央政府分担比例×工伤保险参保率已分担值＋人均生育保险政府分担部分×中央政府分担比例×生育保险参保率已分担值＋人均住房公积金政府财政补贴×中央政府分担比例×住房公积金缴纳率已分担值＋最低生活保障人均财政补贴×中央政府分担比例×最低生活保障享受率已分担值＋人均保障房成本×中央政府分担比例×保障性住房覆盖率已分担值)×年市民化人数＋(随迁子女生均小学教育成本×市民化随迁小学生数×享有城镇小学公办教育比率＋随迁子女生均初中教育成本×市民化随迁初中生数×享有城镇初中公办教育比率)×中央政府分担比例

$=(2\ 374.40×4.10\%×100\%+800×1.03\%×35.5\%+736.45×3.03\%×21.60\%-388.67×0×21.60\%+163.17×0×17.07\%+161.80×0×27.18\%+118.58×0×7.67\%+1\ 293.62×10.72\%×$

$9.9\% + 2\,186.50 \times 0.22\% \times 0 + 44\,700 \times 0.39\% \times 2.7\%) \times 0.16 +$

$(988.01 \times 189.60 \times 46\% + 1\,957.99 \times 76.55 \times 41\%) \times 0.09\% \div 10\,000$

$= (97.35 + 2.93 + 4.82 - 0 + 0 + 0 + 0 + 13.73 + 0 + 4.71) \times 0.16 +$

$(8.62 + 6.15) \times 0.09\%$

$= 123.54 \times 0.16 + 14.77 \times 0.09\%$

$= 19.77 + 0.01$

$= 19.78$（亿元）。

未分担且由本年分担市民化年中央政府成本

市民化年中央政府成本－已分担市民化年中央政府成本

$= 26.96 - 19.78$

$= 7.18$（亿元）。

市民化年地方政府成本

$=$市民化年政府成本－市民化年中央政府成本

$= 1\,643.55 - 26.96$

$= 1\,616.59$（亿元）。

已分担市民化年地方政府成本

$=$已分担市民化年政府成本－已分担市民化年中央政府成本

$= 678.68 - 19.78$

$= 658.90$（亿元）。

未分担市民化年地方政府成本

$=$未分担市民化年政府成本－未分担市民化年中央政府成本

$= 964.87 - 7.18$

$= 957.69$（亿元）。

其中，中央对地方的转移支付

$=$（人均城镇市政公用设施建设成本×中央对地方转移支付占比×市政公用设施标准值＋人均就业成本×中央对地方转移支付占比×就业培训覆盖率标准值＋人均城镇职工基本养老保险政府分担部分×中央对地方转移支付占比×城镇养老保险参保率标准值＋人均城镇基本医疗保险政府分担部分×中央对地方转移支付占比×城镇基本医疗保险参保率标准值＋人均失业保险政府财政补贴×中央对地方转移支付占比×失业保险参保率标准值＋人均工伤保险政府财政补贴×中央对地方转移支付占比×工伤保险参保率标准值＋人均生育

保险政府财政补贴×中央对地方转移支付占比×生育保险参保率标准值＋人均住房公积金政府财政补贴×中央对地方转移支付占比×住房公积金缴纳率标准值＋城镇最低生活保障人均财政补贴×中央对地方转移支付占比×城镇最低生活保障享受率标准值＋人均保障房成本×中央对地方转移支付占比×保障性住房覆盖率标准值）×年市民化人数＋（随迁子女生均小学教育成本×市民化随迁小学生数×随迁子女义务教育标准值＋随迁子女生均初中教育成本×市民化随迁初中生数×随迁子女义务教育标准值）×中央对地方转移支付占比

$$＝(2\,374.40×0.86\%×100\%＋800×53.68\%×95\%＋736.45×76.07\%$$
$$×57.90\%－388.67×0×40.92\%＋163.17×0×23.60\%＋161.80×0$$
$$×25.30\%＋118.58×0×29.03\%＋1\,293.62×0×18.51\%＋2\,186.50$$
$$×0×2.21\%＋44\,700×35.30\%×14\%)×0.16＋(988.01×189.60×$$
$$100\%＋1\,957.99×76.55×100\%)×10.65\%÷10\,000$$

$$＝(20.42＋407.97＋324.37－0＋0＋0＋0＋0＋0＋2\,209.07)×0.16＋$$
$$(18.73＋14.99)×10.65\%$$

$$＝2\,961.83×0.16＋33.72×10.65\%$$

$$＝473.89＋3.59$$

$$＝477.48（亿元）。$$

中央对地方的转移支付已分担部分

＝（人均城镇市政公用设施建设成本×中央对地方转移支付占比×市政公用设施已分担值＋人均就业成本×中央对地方转移支付占比×就业培训覆盖率已分担值＋人均城镇职工基本养老保险政府分担部分×中央对地方转移支付占比×城镇养老保险参保率已分担值＋人均城镇基本医疗保险政府分担部分×中央对地方转移支付占比×城镇基本医疗保险参保率已分担值＋人均失业保险政府财政补贴×中央对地方转移支付占比×失业保险参保率已分担值＋人均工伤保险政府财政补贴×中央对地方转移支付占比×工伤保险参保率已分担值＋人均生育保险政府财政补贴×中央对地方转移支付占比×生育保险参保率已分担值＋人均住房公积金政府财政补贴×中央对地方转移支付占比×住房公积金缴纳率已分担值＋城镇最低生活保障人均财政补贴×中央对地方转移支付占比×城镇最低生活保障享受率已分担值＋人均保障房成本×中央对地方转移支付占比×保障性住

房覆盖率已分担值)×年市民化人数+(随迁子女生均小学教育成本×市民化随迁小学生数×随迁子女义务教育已分担值+随迁子女生均初中教育成本×市民化随迁初中生数×随迁子女义务教育已分担值)×中央对地方转移支付占比

$= (2\ 374.40 \times 0.86\% \times 100\% + 800 \times 53.68\% \times 35.50\% + 736.45 \times 76.07\% \times 21.60\% - 388.67 \times 0 \times 21.60\% + 163.17 \times 0 \times 17.07\% + 161.80 \times 0 \times 27.18\% + 118.58 \times 0 \times 7.67\% + 1\ 293.62 \times 0 \times 9.9\% + 2\ 186.50 \times 0 \times 0 + 44\ 700 \times 35.30\% \times 2.7\%) \times 0.16 + (988.01 \times 189.60 \times 46\% + 1\ 957.99 \times 76.55 \times 41\%) \times 10.65\% \div 10\ 000$

$= (20.42 + 152.45 + 121.01 - 0 + 0 + 0 + 0 + 0 + 0 + 426.04) \times 0.16 + (8.62 + 6.15) \times 10.65\%$

$= 719.92 \times 0.16 + 14.77 \times 10.65\%$

$= 115.19 + 1.57$

$= 116.76$（亿元）。

中央对地方的转移支付未分担且由本年分担部分

　　=中央对地方的转移支付—中央对地方的转移支付已分担部分

　　$= 477.48 - 116.76$

　　$= 360.72$（亿元）。

中央政府和地方政府的分担情况如表4-8所示。

表4-8　中央政府和地方政府的分担情况

单位：亿元

年成本	中央政府本级	地方政府本级	中央对地方的转移支付
市民化年成本	26.96	1 616.59	477.48
已分担年成本	19.78	658.90	116.76
未分担年成本	7.18	957.69	360.72

数据来源：《2017年全国一般公共预算支出决算表》《2017年地方一般公共预算支出决算表》《2017年中央一般公共预算支出决算表》《2017年中央对地方税收返还和转移支付决算表》。

2. 企业

根据表4-6中企业分担的各项成本可得：

市民化年企业成本

　　=市民化人均年企业成本×年市民化人数

=企业分担的人均（城镇职工养老保险+城镇基本医疗保险+失业保险+工伤保险+生育保险+住房公积金）×年市民化人数

=（人均城镇职工基本养老保险企业分担部分×城镇养老保险参保率标准值+人均城镇基本医疗保险企业分担部分×城镇基本医疗保险参保率标准值+人均失业保险企业分担部分×失业保险参保率标准值+人均工伤保险企业分担部分×工伤保险参保率标准值+人均生育保险企业分担部分×生育保险参保率标准值+人均住房公积金企业分担部分×住房公积金缴纳率标准值）×年市民化人数

=（8 572.80×57.90%+2 571.84×40.92%+214.32×23.60%+214.32×25.30%+214.32×29.03%+2143.2×18.51%）×0.16

=（4 963.65+1 052.40+50.58+54.22+62.22+396.71）×0.16

=6 579.78×0.16

=1 052.77（亿元）。

已分担市民化年企业成本

=已承担市民化人均年企业成本×年市民化人数

=企业已分担人均（城镇职工养老保险+城镇基本医疗保险+失业保险+工伤保险+生育保险+住房公积金）×年市民化人数

=（人均城镇职工基本养老保险企业分担部分×城镇养老保险参保率已分担值+人均城镇基本医疗保险企业分担部分×城镇基本医疗保险参保率已分担值+人均失业保险企业分担部分×失业保险参保率已分担值+人均工伤保险企业分担部分×工伤保险参保率已分担值+人均生育保险企业分担部分×生育保险参保率已分担值+人均住房公积金企业分担部分×住房公积金缴纳率已分担值）×年市民化人数

=（8 572.80×21.60%+2 571.84×21.60%+214.32×17.07%+214.32×27.18%+214.32×7.67%+2143.2×9.9%）×0.16

=（1 851.73+555.52+36.58+58.25+16.44+212.18）×0.16

=2 730.70×0.16

=436.91（亿元）。

未分担且由本年分担市民化年企业成本

=市民化年企业成本—已承担市民化年企业成本

=1 052.77—436.91

＝615.86（亿元）。

3. 农业转移人口个人

市民化年个人成本

＝市民化人均年个人成本×年市民化人数

＝个人分担的人均（生活成本＋城镇职工养老保险＋城镇基本医疗保
险＋失业保险＋工伤保险＋生育保险＋住房公积金）×年市民化人
数＋商品房成本×年市民化人数

＝人均（生活成本＋城镇职工基本养老保险个人分担部分×养老保险
参保率标准值＋城镇基本医疗保险个人分担部分×医疗保险参保率
标准值＋失业保险个人分担部分×失业保险参保率标准值＋工伤保
险个人分担部分×工伤保险参保率标准值＋生育保险个人分担部分
×生育保险参保率标准值＋住房公积金个人缴费×住房公积金享受
率标准值）×年市民化人数＋商品房成本×住房拥有率标准值×年
市民化人数

＝（14 581.74＋3 147.12×57.90％＋677.28×40.92％＋214.32×
23.60％＋0×25.30％＋0×29.03％＋2 143.2×18.51％）×0.16＋
266 261.42×80.80％×0.16

＝（14 581.74＋1 822.18＋277.14＋50.58＋0＋0＋396.71）×0.16＋
215 139.23×0.16

＝17 128.35×0.16＋215 139.23×0.16

＝2 740.54＋34 422.28

＝37 162.82（亿元）。

已分担市民化年个人成本

＝已分担市民化人均年个人成本×年市民化人数

＝个人已分担人均（生活成本＋城镇职工养老保险＋城镇基本医疗保
险＋失业保险＋工伤保险＋生育保险＋住房公积金）×年市民化人
数＋商品房成本×年市民化人数

＝人均（生活成本＋城镇职工基本养老保险个人分担部分×养老保险
参保率分担值＋城镇基本医疗保险个人分担部分×医疗保险参保率
分担值＋失业保险个人分担部分×失业保险参保率分担值＋工伤保
险个人分担部分×工伤保险参保率分担值＋生育保险个人分担部
分×生育保险参保率分担值＋住房公积金个人缴费额×住房公积金

享受率分担值)×年市民化人数＋商品房成本×住房拥有率分担

值×年市民化人数

$= (-981 + 3\ 147.12 \times 21.60\% + 677.28 \times 21.60\% + 214.32 \times$

$17.07\% + 0 \times 27.18\% + 0 \times 7.67\% + 2\ 143.2 \times 9.9\%) \times 0.16 +$

$266\ 261.42 \times 19\% \times 0.16$

$= (-981 + 679.78 + 146.29 + 36.58 + 0 + 0 + 212.18) \times 0.16 +$

$50\ 589.67 \times 0.16$

$= 93.83 \times 0.16 + 50\ 589.67 \times 0.16$

$= 15.01 + 8\ 094.35$

$= 8\ 109.36$ (亿元)。

未分担且由本年分担市民化年个人成本

＝市民化年个人成本－已分担市民化年个人成本

$= 37\ 162.82 - 8\ 109.36$

$= 29\ 053.46$ (亿元)。

农业转移人口市民化成本按主体分担情况如表4-9所示。

表4-9　农业转移人口市民化成本按主体分担情况

单位：亿元

年成本	政府	企业	个人
市民化年成本	1 643.55	1 052.77	37 162.82
已分担年成本	678.68	436.91	8 109.36
未分担且由本年分担年成本	964.87	615.86	29 053.46

数据来源：《中国统计年鉴2018》《2017年度人力资源和社会保障事业发展统计公报》《2017年全国农民工监测调查报告》《全国住房公积金2017年度报告》《2017年社会服务发展统计公报》。

本 章 小 结

本章首先介绍了现有农业转移人口市民化成本分担机制运行主体，包括政府、企业和农业转移人口个人；他们的分担责任划分：政府主要负责城镇基础设施建设、为农业转移人口提供免费就业培训、将农业转移人口纳入城镇、社会保障体系和承担随迁子女义务教育费用支出，企业主要负责依法按时足额支付工资、农业转移人口缴纳社会保险费用，农业转移人口个人主要负责自己在城镇的生活支出和住房支出及与企业共同缴纳社会保险费；政府的分担成本资金来源主要是税收和国有土地使用权出让收入，企业的分担成本资金来源主要是利润，农业转移人口个人的资金来源主要是自己在城镇的务工收入、储蓄存款和农地收益。本章还介绍了现有农业转移人口市民化成本分担机制的运行效果，无论从成本总额来看、从时间分布来看、从主体分布来看，现有机制的运行效率有待提高，分担效果有待改善。通过本章的介绍，可以对农业转移人口市民化成本分担机制有一个全面的了解，为找出现有分担机制存在的问题奠定基础。

第五章 农业转移人口市民化成本
分担机制存在的问题

一、农业转移人口市民化成本分担机制运行效率有待提高

根据本书第三章和第四章的相关计算，可以得知，农业转移人口年均市民化成本为 39 859.12 亿元，已分担 9 224.95 亿元，占总成本的 23.14%，还有 76.86% 的市民化成本没有被承担。从主体分布来看，政府和企业已分担份额较多，各占其应分担成本的 41.29% 和 41.50%；农业转移人口个人已分担份额较少，仅占其应分担市民化成本总额的 21.82%。见表 5-1。总体来看，农业转移人口市民化成本已分担数额较少，未分担数额较多，农业转移人口市民化成本分担机制总体运行效率不高，运行效果欠佳。

表 5-1 农业转移人口市民化成本分担额占比

单位:%

成　本	从成本总额来看	从主体分布来看		
		政府	企业	农业转移人口
年成本额占比	100	100	100	100
已分担额占比	23.14	41.29	41.50	21.82
未分担且由本年分担额占比	76.86	58.71	58.50	78.18

二、农业转移人口市民化成本分担机制运行主体责任划分不合理

（一）企业和农业转移人口个人的分担责任还需减轻

农业转移人口被纳入城镇职工社会保险体系，他们与城镇职工承担相同

的缴费比率，企业和个人的社会保险缴费率已经由 40% 下降到了 33%，其中城镇职工基本养老保险企业缴费率由 20% 下降到了 16%，但个人缴费率没有变化；企业和个人的失业保险缴费率都有所下降，但仍高于很多发达国家。以基本养老保险为例，发达国家的基本养老保险，企业缴费费率一般为10%，而我们国家为 16%，仍然有继续下调的空间，个人为 8%，已经达到了国际警戒线的标准。美国企业和雇员的养老保险缴费率均为 6.2%，低于我们国家的社保缴费率。再加上一金，我国住房公积金 5%～12% 的缴费率，在各个国家中也是比较高的。缴费比例较高，增加了企业的经济支出，给企业带来了很大的经济负担，影响企业未来的发展，尤其是小微企业。同时也增加了个人的缴费负担，对于农业转移人口，他们可以参加任何一项城镇职工社会保险，而且在制度上并不存在障碍，但社会保险较高的缴费率和农业转移人口自身的高流动性抑制了他们的参保积极性。社会保险缴费基数通常按本人上年度工资总额确定，而农业转移人口普遍工资较低，这也就意味着社会保险个人缴费（养老 8%、医疗 2%）占到了农业转移人口全额工资的 10% 左右，因此这一缴费支出对于农业转移人口来说是比较沉重的经济负担。

（二）政府的分担责任不全面

农业转移人口的保障性住房成本和最低生活保障成本都应该由政府来分担，但是现有的农业转移人口市民化成本分担机制并没有把农业转移人口的保障性住房和最低生活保障成本纳入机制各运行主体的分担，在现有的分担机制下，这两项成本几乎没有被分担。通常各地的保障性住房和最低生活保障都是按户籍给予的，城镇中那些无生活来源、无劳动能力和无法定赡养人或抚养人的居民，以及无论在岗还是失业，其家庭人均收入低于最低生活保障标准的居民都可以持申请书、户口簿、收入证明等相关证明材料到相应部门申请最低生活保障；通常收入在一定水平以下，无房且有本市户籍的人还可以申请保障性住房。所以无论是保障性住房还是最低生活保障通常只针对城镇户籍人口，从表 4-1 可以看出，农业转移人口保障性住房覆盖率为 2.7%，最低生活保障享受率为零，农业转移人口没有被纳入当地城镇的住房保障体系和最低生活保障体系，保障性住房成本和最低生活保障成本也没有被纳入现有农业转移人口市民化成本分担机制的分担范围，由此造成政府的分担责任不全面，影响了市民化进程。

（三）各级政府的分担责任不合理

1. 中央政府与地方政府义务教育成本的分担责任需改进

目前，我国按常住人口核定分担责任的做法，一定程度上可以很好地解决农业转移人口的成本分担问题，保证分担的公平性和更好地落实分担政策。但是随着农业转移人口的不断流动转移，成本分担责任发生了变化，国家对东部和中西部地区的义务教育学校生均公用经费基准定额有明确的规定，东部地区小学为 650 元，初中为 850 元；中西部地区小学为 600 元，初中为 650 元。对东部和中西部地区中央政府和地方政府的分担比例也有明确的规定，东部地区为 5∶5，中部多数地区为 6∶4，西部地区为 8∶2。从上面的比例看，中央对中西部地区的分担比例明显高于东部地区，而我国人口流动趋势为中西部省份向东部省份流动，从输入地分，在东部地区务工的农业转移人口为 15 993 万，占农业转移人口总量的 55.80%；在中部地区务工的农业转移人口为 5 912 万，占农业转移人口总量的 20.60%；在西部地区务工的农业转移人口为 5 754 万，占农业转移人口总量的 20.10%；在东北地区务工的农业转移人口为 914 万，占农业转移人口总量的 3.2%；在其他地区务工的农业转移人口为 79 万，占农业转移人口总量的 0.3%。这就使中央政府财政实际分担的农业转移人口市民化成本相对减少，东部地区地方政府的财政分担责任加大。地方政府本来就承担了过多的农业转移人口市民化成本，再加上这种由于农业转移人口跨地区流动带来的中央政府与地方政府市民化成本分担责任的改变，地方政府的财政压力更重了，因此，这种分担责任有待改进。

2. 中央政府与地方政府社会保险成本的分担责任不明晰

《国家基本公共服务体系"十二五"规划》（以下简称《规划》）对涉及农业转移人口市民化成本方面的公共服务也有相关的规定，比如，《规划》中指出，"在职业技能培训和技能鉴定方面的支出由地方政府负责，中央给予适当补助；社会保险中的城镇职工基本养老保险、城镇职工基本医疗保险、失业保险、工伤保险和生育保险，基金支付不足时由县级以上政府给予补贴。"很显然，对社会保险服务，《规划》并未明确政府间财政支出责任，即便是城镇职工基本养老保险基金也只是笼统地规定由地方政府负责，中央给予补助，但对中央政府和地方政府负担的比例及中央政府补助的标准并未作出明确的说明。中央和地方政府及各级地方政府之间对于涉及与农业转移人口市民化相关的公共服务的分担责任划分不明晰。

同时，将本应由中央政府分担的市民化成本责任交由地方政府承担，中央政府的分担责任过分下沉，导致地方政府分担责任过重，超出了自身的财政能力，往往力不从心，不利于农业转移人口市民化成本的分担。

三、农业转移人口市民化成本分担机制资金投入缺乏针对性

农业转移人口市民化成本分担是城镇化过程中面临的新难题，是农业转移人口能否市民化的关键，可政府在这方面的政策略显滞后，配套不完善，各级政府财政都没有针对农业转移人口市民化的专项投入，在市民化方面的支出缺乏针对性。将农业转移人口与城镇户籍人口放在同一个财政支出体系中，农业转移人口要与城镇户籍人口共同参与有限的资源竞争，由于流动性、自身素质、户籍及收入水平不同，农业转移人口无法与城镇户籍人口公平竞争，他们往往处于劣势。在政府财政有足够资金的情况下，农业转移人口可以和城镇户籍人口共享社会福利，但是在政府财政资金不足的情况下，政府要么降低所有常住人口的福利水平，要么先保证城镇户籍人口的原有福利，不为农业转移人口提供公共服务，等资金充裕时再增加农业转移人口的福利。福利与工资一样具有刚性，只适合提高，不适宜下降，但前者会引起城镇户籍人口的不满，在财政紧张的情况下政府只能采取后一种做法，这就导致农业转移人口无法享受到与城镇户籍人口同样的公共服务，他们不仅享受公共服务的份额较少，而且各种权益也容易被其他受益群体挤占，这不利于农业转移人口市民化的推进，财政配置也缺乏公平和效率。

四、农业转移人口市民化成本分担机制激励作用不足

（一）对农业转移人口分担市民化成本的激励不足

农业转移人口的管理事出多门、相互交叉，国家制定的很多政策到了具体单位都落实不了，比如：我国在很早就允许农业转移人口基本养老关系和医疗关系的转移接续，但由于各省市社保待遇不同，参保政策也不同，在调换工作后接续保险关系不顺畅，转保办理程序烦琐，而农业转移人口又具有频繁流动的特点，这就导致他们参加社会保险的热情并不高。另外，转移养老保险关系时，个人账户可以全部带走，而统筹账户不能全额带走，要扣掉一部分，农业转移人口经常流动，如果转保，就会在经济上损失一部分，这也影响了农业转

移人口的参保积极性。同时，农业转移人口在其他方面如保障房的享受、银行贷款贴息、税费减免等限制条件较多，存在政策空转的问题。对农业转移人口分担市民化成本缺乏相应的激励措施，或者激励措施的力度不够。尤其住房成本对于农业转移人口是一笔很大的开支，也是农业转移人口市民化最大的成本，政府在这方面缺少相应的补贴政策，有些规章制度也不尽合理，像住房公积金的存取使用制度就是如此。目前，住房公积金在各地区的转移、缴纳等制度有所不同，并没有实现全国化，而且地区之间也没有实现有效的对接和联动，许多地区也并未开放公积金的异地提取和使用，尤其是经济发达地区，这就导致缴纳者只能在缴纳地购买住房时使用住房公积金，不能异地提取和使用。农业转移人口的流动性比较强，他们经常在一二线城市之间流动就业，而一二线城市的房价又很高，在他们转移就业的过程中，公积金既难以进行有效的转移接续，又无法在异地提取和使用，只能在辞去当前工作之前取出住房公积金，这严重违背了当初参保住房公积金是为了买房的初衷，使得参保住房公积金不是给农业转移人口带来福利，而是成了农业转移人口的累赘和负担。并且住房公积金的使用用途非常单一，只能在购买住房时使用，不可以作为他用，如果农业转移人口在城市没有买房意愿或者没有能力买房，缴纳住房公积金对农业转移人口的意义就非常微小，严重影响了农业转移人口的参保，也间接阻碍了农业转移人口对住房成本的分担。

（二）对流入地政府分担市民化成本的激励不足

农业转移人口市民化成本是户籍改革引发的各种需要支付的旧有债务，是二元经济向一元经济转化所需要支付的费用。按照我国新型城镇化的建设目标，每年需要消化的市民化成本数额非常大，对这部分转型成本，中央政府并没有明确自身的补偿责任，而是把这些改革成本的绝大多数遗留给了地方政府，形成中央政府"请客"，地方政府"买单"的局面。农业转移人口大多是跨省（市）流动，我国对农业转移人口市民化成本的分担采取以流入地为主的政策，其市民化以流入地城市为实现载体，其基本公共服务统筹也是以流入地政府供给为主，呈现区域化和地方化格局，这意味着地方政府接纳农业转移人口市民化的人数越多，用于社会福利的投入就会越多。流入地政府既没有资金积累也没有专项资金，只能依靠当前的经济发展所得和财政收入来解决这些历史成本，同时，流入地政府还要为现行的公共服务支出提供保障，保证本地居民的社会福利和正常生活，所以，流入地政府认为市民化给当地公共财政造成的压力太大，加重了当地政府的财政负担。中央政府对地方政府是否解决农业转移人口市民化成本、解决多少市民化成本激励不足，对承担市民化成本较多、解决市民化人数较多的地区缺少应有的奖励、补贴、转移支付或其他补偿，或者说奖励和补贴的力度不够，对解决农业转移人口市民化较好的地区和城市也缺少更加具体的激励措施，导致流入地政府分担与不分担一个样、分担多与分担少也是一个样，导致流入地政府分担市民化成本的动力不足。他们在配置城镇公共服务性资源的时候往往依据城镇户籍，地方财政要负担更多外来人口的公共服务，就会增加人口流入地的财政支出并摊薄本地区原户籍人口的社会福利，许多地区对本地居民提供的社会保障尚难以全部到位，更没有能力为转户进城的新市民提供足够的社会保障。在这种情况下，任何城镇政府都不愿为其他地区"作嫁衣"，它们一方面会积极拥护中央提出的"人的城镇化"战略，另一方面又会将有限的教育、社保、医疗等非生产性公共产品优先供给城市户籍居民，会根据隶属关系由近向远提供公共服务，并且不欢迎本辖区之外的人员在本地无条件落户[128]。很多城市政府把推进农业转移人口市民化与人才引进战略相结合，实行积分落户政策，赋予高学历和年轻人的分值较多，在稳定居住和缴纳社保等方面赋予的分值较少，这种制度必然使年轻高学历的申请者更容易获得户籍指标，而没有高人力资本特征的农业转移人口则不具有任何优势，即使他们在城市工作生活多年，仍然无法获得较高的积分，也无法通过积分落户成为市民[129]。这种做法实际上就是城市政府把户籍作为竞争资金、人才等稀缺资源的"自利性"工具，以这些限制条件作为一种筛选机制，来引入它们想要的"理想居民"，即那些年轻、高学历，且收入稳定、住所稳定的人员，而非低学历、低收入的农业转移人口，这种对农民转户进城处处设限的行为，将多数普通农民挡在城市门外，使农业转移人口市民化目标发生了异化，具有明显的高人力资本倾向，带有明显的选择性而非普惠性，这也说明了城市和市民只想廉价使用农业转移人口的劳动力，却不想为其提供一个可以栖身的场所。作为非户籍居民的农业转移人口无法享受相应的社会福利和保障，本应由政府承担的市民化成本得不到应有的分摊[128]。再加上地方政府领导任期的有限性和当地经济发展的目标性，地方政府追求短期利益，在效率和公平方面，会选择效率优先，兼顾公平，在资源稀缺的条件下，面对经济发展会更偏好资本，而忽略对农业转移人口各种权利的保障。况且改革过程中所发生的市民化成本又并非只需流入地政府承担，流入地政府自然不愿意承担绝大部分成本，它们更有冲动把分担责任转嫁给作为最终担保人的中央政府。而且，随着我国各类城市的迅速发展，以及农业转移人口规模的不断扩大，城市在基础设施、公共交通、住房、医疗、教育、就业、社会保障等方面的需求会骤然增大，这也加大了城市资源、环境承载和运行保障压力，增加了流入地政府的财政支出，加剧了流入地政府的用地紧张局势。同时，部分东部小城镇流入的农业转移人口规模较大，而城市行政级别较低，政府经济管理权限与公共资源配置权力较小，无法为过多的新市民提供足够的公共服务和基础设施。综上考虑到要承担如此大的经济成本和面临的诸多困难，城市政府很难有足够的动力大力推进农业转移人口市民化[130]。

以随迁子女义务教育为例：我国义务教育经费保障以户籍为基准，义务教育财政体制以县为主，这种以地方负责为主的义务教育管理和投资体制，将农业转移人口随迁子女所享有的国家公共教育资源与户籍所在地牢牢地联系在一起[131]。大量子女跟随父母迁移到流入地接受教育，造成了当地学校班额超容、教学资源紧张和教学质量下降，也给流入地政府带来了很大的财政压力和管理压力。由于教育经费投入不足，为本地户籍学生提供教育供给都捉襟见肘，更别说还要拿出资金为农业转移人口随迁子女提供教育服务，流入地公办学校对外地生源的教育承载力不足[132]。因此，流入地政府往往从自身利益出发，建立以户籍登记地为准的中高考机制。出于地方保护，流入地政府虽然会在国家政策要求基础上，制定随迁子女异地入学和升学的具体政策，但落实的内生动力不足。流入地政府既是政策的制定者，又是政策的执行者，它们往往以农业转移人口子女户籍不在当地为由，使得义务教育经费不向随迁子女有效倾斜，使随迁子女无法享受平等的义务教育[131,133]。农业转移人口子女离开户籍所在地以后，原户籍所在地政府不再负责他们的教育，又由于户籍制度的限制，农业转移人口随迁子女进入非户籍所在地的城市后又无法真正享受到流入地政府的教育经费。流入地政府会利用中央政府给地方政府预留的自由裁量权，制订随迁子女公办学校入学和异地升学的准入规则，附加一些限制条件[131]。很多城市对农业转移人口随迁子女在公办学校的入学和升学都提出了较多的限制，要求提供较多的证明材料，包括随迁子女的户籍证明、学籍证明、监护人的从业证明、居住证明，以及监护人在当地缴纳社保的年限证明等。流入地政府通过农业转移人口的这些非智力因素，来决定是否向其随迁子女提供接受教育的机会。对于农业转移人口家庭来说，准备这些证明材料就不是一件容易的事。再加上自身经济实力较弱，难以负担在流入地的高额教育费用，而且很多经济发达地区的优质中学不对随迁子女开放。对于随迁子女而言，如果只在流入城市接受教育，返回老家参加考试又不太可行，因为各省考试内容和试卷都不相同，因此，很多农业转移人口子女无法跟随父母一起进入城市接受教育，只能留在老家成为留守儿童。流入地政府在财力有限的情况下，很难有动力拿出更多资金为农业转移人口随迁子女提供充足的教育服务。

五、农业转移人口市民化成本分担机制筹资功能发挥不力

（一）农业转移人口市民化资金不足

农业转移人口在进城之前主要依靠土地获得收入，由于长期只从事农业生产，他们存在劳动技能的结构性短板，再加上户籍制度、教育水平及自身能力的限制，他们中的大多数人进城以后只能进入城市次级劳动力市场，从事建筑、餐饮和制造业等低端体力型工作，劳动强度大、工作时间长、收入水平低，还不能享受城镇职工住房公积金和带薪休假等福利待遇，他们的收入无法应对高成本的城市生活[134]。2017 年农业转移人口平均月收入为 3 805 元/人，为城镇单位职工平均月收入（6 343.42 元/人）的 59.58%。农业转移人口在银行的存款数额也较少，他们往往会将城里的工资收入带回农村家中，供家人使用并存入银行。2017 年，农户储蓄存款总额约占金融机构个人储蓄存款总额的 1/5，储蓄较少，而且转移人口最大的财产就是农村的土地和房产，以及在集体经济组织中的各种权益，而这些财产变现难度较大，如何将这些沉睡的资产变现并携带入城是当前最大的问题。随着城镇化的发展，农村土地变得更加稀缺，尤其是城市郊区农地的增值空间不断扩大，地方政府往往通过农地征用来获得土地出让金，低价从农村征收土地，再通过招标、拍卖、挂牌的方式出让，获得巨大的"剪刀差"收益。这部分增值的收益本应是农业转移人口重要的财产收入，却被国家"合理合法"地剥夺了，削弱了其市民化的经济基础[128]。当前，农业转移人口市民化最难解决的是住房成本，城市房价居高不下，加大了农业转移人口市民化购房的难度。2017 年我国城镇商品住宅销售价格为 7 614 元/米^2，按城镇人口人均住房面积 36.90 米^2、一个家庭三口人计算，买房成本约为 84.29 万元，而农业转移人口的人均收入为 3 805 元/月，按农业转移人口家庭两人工作并有收入计算，房价收入比为 9.23，远远高出 4~6 的合理数值，能够在务工地自购房的农业转移人口比例为 19%，远低于城镇人口的 80.80%。所以，就他们的低收入与高房价而言，要想实现居者有其屋的愿望并非易事，因此，农业转移人口即便愿意在城镇安居落户，也缺乏

最基础的购房资金。再加上近些年很多大中城市对非本地户籍人员实行严格的房地产限购政策，这无疑将流动性较高且无本地户籍的农业转移人口群体排斥在了务工地商品房购房之外[135]。更何况，转移人口一旦定居城市，他们的生活成本也会大大增加，2017 年的数据显示，农业转移人口人均消费支出为 14 400 元/年，为城镇人均消费支出（24 445 元/年）的 58.91%，为农村人均消费支出（10 954.50 元/年）的 1.32 倍。收入低，支出高，再加上物价上涨，导致农业转移人口的实际消费能力下降，只能勉强维持自身在城市的基本生活需求。剩余储蓄部分很少，即使加上他们在农村的土地流转金这一重要的收入来源，也仍然难以承担举家定居城市的生活成本，因此不得不让妇女、儿童和老人留守在农村。以相对较低的收入和较少的财产来承担过高的住房和生活成本，严重超出了农业转移人口的经济承受能力，使大多数农业转移人口对落户城镇望而却步，影响了市民化进程。

（二）地方政府事权过大而财权过小

2017 年，中央财政收入为 81 123.36 亿元，占财政总收入的 47%，地方为 91 469.41 亿元，占财政总收入的 53%，中央和地方的财政收入差不多；而地方的财政支出为 173 228.34 亿元，占财政总支出的 85.30%，而中央本级为 29 857.15 亿元，占财政总支出的 14.70%，地方财政支出是中央的 5～6 倍，地方的财政支出远远大于收入，尤其在教育、医疗、社会保障和住房保障等公共服务方面地方政府的支出更是中央政府的 10 倍、20 倍甚至 100 倍（表 5-2），而公共服务支出又是解决农业转移人口市民化最需要承担的成本支出，公共服务支出的多少直接决定了地方政府解决农业转移人口市民化能力的强弱。我国自分税制改革以来，税收决策权上收至中央政府，同时扩大地方政府财政支出自由裁量权，虽然达到了增加中央财政收入比重的目的，但也造成了财权和事权的不匹配，财权层层上移，事权层层下放，两者严重脱节。通常每一级政府都只关注本级财政的收入和分配情况，中央政府也不例外，中央政府对地方政府具有绝对权威，也具有扩大财权的便利，所以，中央政府会首先确定本级的收入规模，之后才会考虑地方政府的收入分享方案。中央政府会将收入稳定、数额较大的税种划归本级或作为共享税，将收入零星、品种繁杂、税源分散和征收困难的税种划归地方政府，对于共享税，中央占有的比例也要高于地方政府[136]。这种上收财权的做法，将财力越来越多地集中在中央财政，而地方政府则缺乏主体税种和稳定的税收来源，这就造成越是基层政府，财政越加困难的状况。同时，中央政府和地方政府之间事权划分随意性大，支出责任不明确，交叉过多。在共同分担公共责任时，中央政府往往将事权层层下移，地方政府只能被动接受，很多社会公共服务事业本应是中央财政的责任，最后却交给了地方政府。中央过多集中了财权，而又过度下放了事权，减弱了地方政府的资金筹集能力，并加重了地方财政的支出负担，导致地方政府收入过少而支出过多，财权与事权不匹配，缺乏解决农业转移人口市民化成本的财力[137]。

表 5-2　2015—2017 年中央和地方财政在公共服务方面的支出

单位：亿元

指标名称	2015 年		2016 年		2017 年	
	中央	地方	中央	地方	中央	地方
财政收入	69 267.19	83 002.04	72 365.62	87 239.35	81 123.36	91 469.41
财政支出	25 542.15	150 335.62	27 403.85	160 351.36	29 857.15	173 228.34
教育支出	1 358.17	24 913.71	1 447.72	26 625.06	1 548.39	28 604.79
医疗卫生支出	84.51	11 868.67	91.16	13 067.61	107.60	14 343.03
社会保障和就业支出	723.07	18 295.62	890.58	20 700.87	1 001.11	23 610.57
住房保障支出	401.18	5 395.84	437.44	6 338.77	420.67	6 131.82

数据来源：2016—2018 年《中国统计年鉴》。

在上一章的计算中，我们可以看出，在农业转移人口市民化成本份额中，地方政府承担了大部分的市民化成本，2017 年中央财政本级承担了 26.96 亿元的市民化成本，地方政府承担了 1 616.59 亿元的市民化成本，其中本级承担 1 139.11 亿元，依靠中央政府转移支付承担 477.48 亿元。在地方政府没有财力的情况下，中央政府会通过税收返还和转移支付的方式对地方给予补助，使其完成其政府职责。从地方一般公共预算支出、中央本级支出及中央对地方税收返还和转移支付的情况来看，2017 年地方本级一般公共预算收入为 91 469.41 亿元，中央对地方税收返还和转移支付为 65 051.78 亿元，两者加总为 156 521.19 亿元，地方政府当年的一般公共预算支出为 173 228.34 亿元，从数字来看，中央转移支付占地方政府总预算收入的 41.56%，比重很大；从地方政府当年的一般公共预算支出数据来看，地方政府在支出的时候，也是过多依赖中央政府的转移支付，否则地方财政将更加收不抵支。

六、农业转移人口市民化成本分担机制补偿力度不够

(一) 对流入地政府义务教育成本的分担补偿过少

2016 年以来，全国实行"两免一补"和生均公用经费可携带，实现了随迁子女教育经费"钱随人走"。中西部小学阶段生均公用经费基准定额为 600 元/人，扣除发给学生的"一补"，可携带的"两免"加上生均公用经费基准定额总共为 1 200 元/人。农业转移人口主要从中西部向东部地区流动，随迁学生的"两免一补"和生均公用经费也主要是从中西部带到东部的人口流入地。我国教育经费支出主要包括教育事业费（主要是学校人员经费和公用经费支出）和基建经费（主要用于建设校舍和购置大型教学设备）。在地方公共财政教育经费中，教育事业费占比达 90% 左右。2018 年随迁子女较多的 5 个省市，北京、上海、江苏、浙江、广东的小学生均教育经费分别为 32 132.36 元、21 930.51 元、12 382.11 元、15 447.10 元和 12 164.48 元，而随迁子女可携带的教育费只有 1 200 元，分别占这几个省市生均教育经费的 3.74%、5.47%、9.69%、7.77%、9.87%，实际上各省目前生均义务教育经费，除了河南省都超过了 8 000 元。由于占教育经费大部分的教育事业费仍不能流转，随迁子女的教育经费大多仍然由流入地政府承担。再加上东部地区的教育经费投入要多于中西部地区，所以中央财政应给予支持，但从 2018 年中央财政在教育经费方面的支出看，中央财政在教育上的投入为 1 731.23 亿元，只占全国教育经费总额的 5.38%，所以，在当前这种只允许一小部分教育经费可携带，而中央财政又不愿意支持的情况下，根本减轻不了流入地政府接纳随迁子女教育方面的财政压力，也解决不了随迁子女入学和升学难的问题。

(二) 对流入地政府养老保险成本的分担补偿不够

如果农业转移人口在上一个流入地参加了养老保险，当他流入到下一个城镇，并办理养老保险转移接续的时候，他养老保险中的个人账户部分可以全额带走，统筹账户部分却只能带走一部分，通常为缴费基数的 12%，相当于统筹部分的 60%，但他进入流入地并退休养老后，其养老金待遇不会下降，而差额部分的 40% 要由流入地政府财政承担，这就增加了流入地的财政负担，导致流入地政府财政的分担责任加大、流出地政府实际承担的分担责任减少。流入地政府本来就承担了农业转移人口市民化成本的绝大部分，负担很重，没

有额外的资金来补充这 40% 的差额，流入地政府自然也就没有接续养老保险
的积极性，所以虽然我国早就允许养老保险可以转移接续，但实施的效果却并
不理想，流入地会设置种种障碍拒绝接纳农业转移人口的养老保险关系，比如
会要求参保人补足在上一个流出地的差额部分，这对于参保人来讲非常困难，
他们缴纳个人承担的部分负担都比较重，根本没有能力补差，造成养老保险关
系在现实中无法接续，这必然影响参保人参保的积极性，断保现象非常严重，
造成农业转移人口养老保险成本无法被分担。还有一些农业转移人口在流入地
缴费没有缴满 15 年，在达到退休年龄时一次性补齐缴费，则统筹账户中缺少
的部分也需要由当地政府补贴，如果流入地政府财政没有能力补充，就可能造
成空账运行，影响到农业转移人口退休后养老金的享受。

（三）对流入地政府就业培训成本的分担补偿不足

农业转移人口可以在户籍地（流出地）参加免费就业技能培训，而在非户
籍所在地（流入地）参加培训通常是不能享受培训补贴的（只有极少数省市可
以）。而务工地政府财政支持的职业院校，多数拒绝为农业转移人口提供教育
服务，"分级办学，属地管理"的办学体制导致流入地城市不愿意将职业教育
资源与户籍地以外的农业转移人口分享[138]。可是已经到外地打工的农业转移
人口如果再从务工地回到户籍地参加培训，他们花费的往返路费远远高于国家
给予的培训补贴，而且还要损失这一期间不能兼顾就业地工作的工资收入，这
对于他们来讲在经济上是不划算的，在行为上也是不方便的，因此中途回来参
加培训几乎是不可能的，这就导致农业转移人口参加培训的积极性不高，培训
效果不理想。截止到 2017 年，接受过职业技能培训的农业转移人口比例仅为
1/3 左右，很多农业转移人口没能通过参加培训获得预期的就业技能。当前，
农业转移人口已经成为流入地产业工人的一部分，他们的就业技能和就业能力
直接决定了自身的就业机会，也决定了他们满足当地劳动力需求和能为当地经
济发展创造财富的能力。中央政府在安排就业专项资金时，应该充分考虑到农
业转移人口务工地和户籍地高度不统一的特性，将流入地的农业转移人口数量
作为分配因素。流入地政府作为最大的受益者，理应根据自身财力和上级转移
支付情况，为农业转移人口提供职业技能培训的财力支持。

（四）对流入地医疗保险基金垫付补偿款还款周期长

农业转移人口流动性强，且经常跨区就业，异地就医时常发生，就医地医

疗机构也会经常接受异地患者。农业转移人口在异地进行就医时，都希望能够直接结算，以省去拿着票据回参保地报销的麻烦，而及时充足的垫付款补偿是保证农业转移人口医疗保险异地就医实现直接结算的重要资金来源。按照异地就医直接结算的要求，个人仅需支付医疗费用中报销范围之外的部分，医疗费用中报销范围之内的部分则由就医地医保基金先行垫付，再由农业转移人口参保地医保经办机构将垫付款汇给就医地医保基金管理部门。但是这一结算制度在给农业转移人口带来便利的同时，也造成就医地医保基金回笼周期长、压力大等问题，加剧了就医地医保基金的管理风险。参保地需要向就医地补偿垫付款，双方不具有上下层级的隶属关系，无法通过行政约束力催要垫付款，导致垫付款回款资金到位周期长。从地域范围看，农业转移人口往往从经济落后地区向沿海经济发达地区及各省经济实力强的地区转移，随着农业转移人口跨统筹地区流动规模增加，流入地医保基金入不敷出的状况愈加明显，基金缺口风险也越来越大。

七、农业转移人口市民化成本分担机制监管不到位

（一）对企业社保缴费缺乏监管

长期以来，农业转移人口的存在为企业带来了大量的廉价劳动力，致使一些用工企业存在认识上的误区。它们认为，由于中国存在大量的农村剩余劳动力，农业转移人口是取之不尽、用之不竭的，因此对由农业转移人口转换而来的新产业工人缺乏应有的尊重和保护，再加上投资者为了获得更多的利益，在劳动力供过于求的情况下，利用转移人口缺乏法律知识和有关部门监管不到位的状况，随意延长工作时间，压低他们的工资，并时常拖欠[123]。还有一些企业认为，社会保险的发展与企业的发展是对立的，农业转移人口养老、医疗、工伤等方面的保险支出对企业来说是不小的负担，五项社会保险费率合计超过本单位职工工资总额的20%，给予农业转移人口平等的市民权就意味着企业要提高劳动和产品成本，降低企业竞争力和利润。农业转移人口社会保险的缴纳与否主要在于他们是否能与企业签订正规的劳动合同，从企业方面来看，如果与农业转移人口签订正规的劳动合同，就意味着要按照国家规定的缴费比率为农业转移人口缴纳各种社会保险，这无疑会加重企业的负担[124]。企业是以盈利为目的，以追求利润最大化为经营目标，它们缺乏分散风险的共济意识，参保意识薄弱。许多用工企业特别是劳动密集型企业、小微企业感到难以承受较高的社保费用，所以不愿意承担他们的保险支出。在实际经营中，它们无视农业

转移人口的利益和劳动法规定，往往以不与农业转移人口签订劳动合同或签订临时合同为手段，减少社保费用的缴纳和降低用工成本。正规企业往往采取业务分包的形式；一些民营企业则通过不与农业转移人口签订劳动合同，以雇佣大量临时工来逃避缴纳社保费用[124]，或者在企业进行参保人数登记时，少报农业转移人口参保人数，并通过做假账有意瞒报工资总额，来变相减少它们的社保费用支出。因为企业是按照职工工资总额的一定比例为企业雇佣的农业转移人口缴纳社会保险费用的，可以通过少报在职职工人数和工资总额，降低缴费基数，达到少缴社会保险费用的目的。企业拒缴、漏缴社保费用的现象严重。

作为监管机构的政府，一方面，由于存在信息的不对称，很难掌握企业的用工情况，往往需要企业自行申报缴费人数和缴费总额，这为企业少报瞒报提供了可能，很难保证监管效果和监管力度。企业用工情况和工资总额难以掌握，增加了监管成本，减弱了监管机构的监管效果。我国对社会保险缴费的刚性约束不足，对这种违法行为的惩治力度不够，企业一旦被发现有这种行为，只需缴纳一定的罚款，违法成本较低，因此企业往往存在侥幸心理，不断漏缴，不断违法。同时，地方政府本来应该对企业的缴费进行监管，对缴费过程中的违法行为进行严厉制裁，对农民工的合法权益进行维护，但地方政府需要发展经济来解决本地区财政、就业、公共服务的提供等诸多问题，而这两方面又是相互对立的，如果严格监督企业的社保缴费执行情况，投资环境可能会恶化，农业转移人口的收入就可能会减少；如果放松对企业的监督，就可能使农业转移人口的权益受到损害。政府往往面临两难的选择，通常政府会优先选择经济目标，这样一来，政府自身追求经济高速发展的目标与企业追求利润最大化的目标相契合，造成地方政府不仅监管不到位，而且还与企业合谋，为企业创收创利提供一切便利条件，为企业不为农业转移人口缴纳社保费用大开方便之门。还有一些地方政府，本来是要对企业的社保缴费进行监督，但由于农业转移人口流动性大、企业雇员人数频繁发生变动，很难掌握企业雇佣农业转移人口的实际数量，缴费人数通常是由企业自行申报，如果企业计划少报缴费人数和工资总额以达到少缴社保费用的目的，监管机构很难发现，再加上惩处力度不够，企业违法成本较低，导致企业对农业转移人口市民化社保费用的分担比率较低[139]。

（二）对地方政府分担市民化成本的监管不到位

各地政府都认为农业转移人口市民化增加了各级政府的财政压力，增加农业转移人口市民化的基本公共服务支出，会影响自身的经济发展，给自己带来沉重的负担，所以对接纳农业转移人口市民化、分担市民化成本的热情不高。而且以往对各级政府的绩效考核是以经济发展作为重点的，最具代表性的是GDP增长指标，并没有把是否接纳农业转移人口以及接纳了多少农业转移人口作为地方政府及其工作人员的绩效考核指标，也没有把为农业转移人口提供了多少公共服务作为考核指标，当然也就没有把这些纳入监管的范围，更没有机构对地方政府接纳农业转移人口及为他们提供公共服务的情况进行监管，这就导致地方政府在农业转移人口社会事业和公共服务的提供方面严重缺位，而农业转移人口市民化恰恰是基本公共服务均等化的过程，需要政府为其提供更多的社会福利和基本保障，而对地方政府分担市民化成本的监管不足直接影响到了对农业转移人口公共服务的提供和市民化的实现。

本 章 小 结

本章主要分析了农业转移人口市民化成本分担机制存在的问题，主要表现在有些分担责任尚需改进，分担机制的资金投入缺乏针对性，没有专项资金来解决农业转移人口市民化成本，激励机制发挥作用不强，没有激发各主体分担市民化成本的积极性，分担机制筹资功能发挥不力，资金筹集比较困难，难以满足农业转移人口市民化成本分担的需要；监管机制的监管力度不够，使政府和企业都没有很好地分担市民化成本，影响了市民化成本的分担效果和农业转移人口公共服务的享受，不利于农业转移人口市民化。

第六章 农业转移人口市民化成本分担机制运行主体博弈分析

一、农业转移人口与企业的分担博弈

企业往往通过帮助农业转移人口参加各种社会保险来分担市民化成本，这既有利于增加企业自身对人才的吸引，提高本企业员工的忠诚度，也有利于承担推进新型城镇化的社会责任。但是在劳动力充足且农业转移人口同质性很高的情况下，如图6-1所示，我们用N表示劳动力数量，用W/P表示劳动力工资，用D表示劳动力需求，用S表示劳动力供给，E为劳动力市场达到均衡的点，N_0表示均衡的劳动力数量。当$N>N_0$时，企业获得劳动力资源非常容易，处于主动地位，为了降低生产成本，会变相逃避缴纳社会保险费，这时企业的最优策略是少缴费或不缴费。当市场中劳动力不充足时，即$N<N_0$时，企业为了获得足够的人力资源，

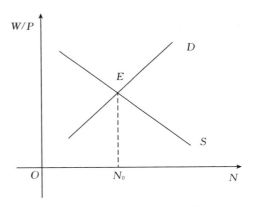

图6-1 劳动力市场均衡示意图

会足额为所雇佣的农业转移人口缴纳社会保险费并增加各种福利待遇，这时企业的最优策略是为农业转移人口缴纳社保费。就农业转移人口而言，在市场中劳动力充足的情况下，企业如果不为农业转移人口缴纳社保，农业转移人口处于劣势地位，为了保住工作，依然会在企业工作，这时忍受是他们的最优策略。

当市场中劳动力不充足时，如果企业提供的社保缴费不足，农业转移人口就会用脚投票，另谋职业，这时他们的最优策略是选择缴纳社保和福利待遇更好的工作。

所以在实际的农业转移人口市民化成本分担过程中，在市场中劳动力短缺时，企业会主动分担农业转移人口社会保险费成本。如果市场中的劳动力过剩，这些企业的最优策略是逃避缴纳农业转移人口的社会保险费。在我国的现实市场中，农业转移人口普遍受教育程度较低，参加过就业技能培训的比例也不高，只有35.5%左右，缺少一技之长，导致他们在劳动力就业市场中存在同质性，既无法填补一些岗位的职位空缺，又存在结构性失业。当企业不积极为农业转移人口缴纳社会保险或者不足额缴纳时，农业转移人口只能被动接受，为了扭转这种局面，农业转移人口应增强维权意识，在自身利益受损时能积极维护自身权益，请求监管机构对企业的分担行为加强监管，同时还应提高自身的就业技能，政府也应采取积极政策调整产业结构，发展工业和服务业，为农业转移人口提供更多的就业岗位。

二、企业与地方政府的分担博弈

企业在分担农业转移人口市民化社会保障成本时，往往会存在道德风险。所谓道德风险是指从事经济活动的人在使自身效用最大化的同时使他人的利益遭受损失。在一个交易或合同中，由于双方信息不对称，掌握较多信息的一方利用自身的信息优势，往往在另一方无法监督的情况下不采取应有的行动，给对方造成损失。在市民化成本分担中就存在这种情况，地方政府是推进市民化成本分担的具体实施者，它们会要求企业和转移人口个人按照工资总额的一定比例缴纳社会保险费，但由于信息的不对称和农业转移人口的高流动性，企业雇佣的农业转移人口的数量经常发生变动，政府收费机构和监管机构无法获知企业雇佣的农业转移人口人数，往往不得不依赖企业自己的申报，而这些正是企业缴纳社会保险费的基础数据，也是收费和监管的依据。由于缴费率较高，企业应缴部分亦达到了职工工资的32.5%，个人需缴工资总额的15.5%，一些效益较好、利润较高、规模较大的企业会为转移人口缴纳社会保险，但一些效益较差、利润较低的小微企业就会不缴或少缴社保费用。有些用人单位为了降低用工成本，增加企业利润，采用虚假的用工名册和工资报表，瞒报部分工资总额，减少缴费基数，以达到减少缴费的目的。这种做法一方面会导致员工保障福利降低，损害员工的个人利益；另一方面，使社保基金收入减少，影响社保基金的征缴和使用。道德风险可以理解为各利益主体之间的不完全信息博弈，是由于机制本身设计不合理而使某一主体为了自身利益而采取的行为给他人带来损失。再比如说，政府由于自身的原因存在拖欠补贴的行为，有些是由于财政紧张，有些可能是由于管理问题等，导致市民化成本不能及时得到承担，影响了市民化进程。在农业转移人口市民化成本分担的过程中，这种自利行为会造成某种扭曲，为了纠正这种扭曲，政府需要加强引导和监管，并通过一系列的制度措施监督企业分担市民化成本[140]。

在经济市场中，面对复杂的市场环境和众多的被监管企业，政府的监管机构很难做到完全理性。因此，本书在有限理性的假设前提下，运用混合策略纳什均衡的分析方法，研究地方政府与企业之间的博弈策略选择问题。

监管博弈模型的假设如下：假设监管机构有两种策略，监管与不监管；企业也有两种策略，即依法为农业转移人口缴纳社会保险费和不依法缴费[141]。

我们将监管和不监管称为地方政府的两个纯策略，将依法缴费和不依法缴费称为企业的两个纯策略。每个分担者有使他的纯策略随机化的选择，称为混合策略。在该博弈中，混合策略是 [0，1] 区间上的一个实数，这个数值就是选择监管或缴费的概率。地方政府选择监管的概率为 x，选择不监管的概率为 $1-x$，企业选择依法缴费的概率为 y，选择不依法缴费的概率为 $1-y$。如果企业依法缴费，收益为支付的社保缴费 $-e$，地方政府监管的收益为收到的企业社保缴费 e，监管成本为 c；地方政府不监管的收益仍然为 e；如果企业不依法缴费，可获得的收益为 e，地方政府监管时，将对其罚款 f；当地方政府选择监管时，可获得罚款收益为 f，若地方政府选择不监管，将受到的损失为没有收上来的企业的社保缴费 $-e$。

企业为职工缴纳的五险一金的费率＝20％＋6％＋0.5％＋0.5％＋0.5％＋5％＝32.5％，所以 $e = 3\,572 \times 12 \times 32.5\% = 1.39$ [万元/（人·年）]；根据《中华人民共和国社会保险法》第 84 条的规定，企业不为职工办理社会保险登记的或者未按时足额缴纳社会保险费用的，逾期不改正的，对企业处以应缴社会保险费数额一倍以上三倍以下的罚款，我们取最高三倍罚款，则 $f = 3e = 3 \times 1.39 = 4.17$ [万元/（人·年）]。

2017 年我国社保基金总收入为 67 154.20 亿元，社保基金总支出为 57 145.00亿元，根据本书第三章的计算，人均社保基金收入＝10 748.59＋3 122.05＋591.81＋376.12＋332.90＝1.52（万元/年），所以人均社保基金支出＝1.52÷（67 154.20÷57 145.00）≈1.29（万元/年），而我国社保基金管理费占社保基金支出的 4% 左右，为 0.05 ［万元/（人·年）］，假设监管费用占一半，则 $c=0.03$ ［万元/（人·年）］。

根据已知条件可列出如表 6-1 所示支付矩阵。

表 6-1　地方政府监管机构与企业之间博弈的支付矩阵

		企业	
		依法缴纳社保费（y）	不依法缴纳社保费（$1-y$）
地方政府	监管（x）	$e-c,\ -e$	$f-c,\ e-f$
	不监管（$1-x$）	$e,\ -e$	$-e,\ e$

如果使纯策略随机化是最佳选择，那么参与者从任意纯策略中获得的期望收益相同。如果企业随机化其缴费策略，则地方政府必须选择混合策略才能使企业作出任意选择的机会均等，即地方政府的均衡策略是使企业从其两个纯策略中获得相等预期收益的 y 值。我们可得下式：

$$-e \times x - e \times (1-x) = (e-f) \times x + e \times (1-x)$$

将数值代入得：

$$-1.39 \times x - 1.39 \times (1-x) = (1.39 - 4.17) \times x + 1.39 \times (1-x)$$

解得：$x = \dfrac{2e}{f} = \dfrac{2 \times 1.39}{4.17} = \dfrac{2}{3} \approx 66.67\%$

$$(e-c) \times y + (f-c) \times (1-y) = e \times y - e \times (1-y)$$

将数值代入得：

$$(1.39 - 0.03) \times y + (4.17 - 0.03) \times (1-y) = 1.39 \times y - 1.39 \times (1-y)$$

解得：$y = \dfrac{e+f-c}{e+f} = \dfrac{4e-c}{4e} = \dfrac{4 \times 1.39 - 0.03}{4 \times 1.39} \approx 99.46\%$。

我们用图像表示，横轴表示地方政府监管机构监管的概率 x，纵轴表示企业依法为农业转移人口缴纳社保费用的概率 y，如图 6-2 所示。

当 $x < 66.67\%$，即地方政府监管的概率小于 66.67% 时，企业会选择不为职工（包括农业转移人口）足额缴纳社会保险费的策略；当 $x > 66.67\%$，即地方政府监管的概率大于 66.67% 时，企业会选

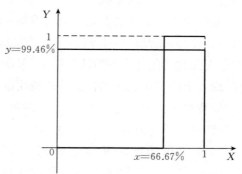

图 6-2　地方政府监管机构与
　　　　企业博弈的相位图

择为职工（包括农业转移人口）足额缴纳社会保险费的策略。鉴于此，地方政府应该加强对企业的监管。

当 $y > 99.46\%$，即企业为职工（包括农业转移人口）足额缴纳社会保险的概率大于 99.46% 时，地方政府会选择不监管的策略；当 $y < 99.46\%$，即企业为职工（包括农业转移人口）足额缴纳社会保险的概率小于 99.46% 时，地方政府会选择监管的策略。

这两条线的交点为 $x = 66.67\%$，$y = 99.46\%$，在这个点上，企业无论采取什么样的策略预期支付都是一样的，地方政府无论采取什么样的策略预期支付也都是一样的，所以这一混合策略的纳什均衡是（66.67%，99.46%），说明地方政府监管的概率是 66.67%，不监管的概率是 33.33%，地方政府的这种随机化会使企业无法逃避缴费；企业不依法为农业转移人口缴纳社会保险费的概率是 99.46%，为农业转移人口缴纳社会保险费的概率是（$1 - 99.46\%$），企业的这种随机化也会使地方政府的监管机构无从下手，双方都是通过随机化自己的策略使得对方无论如何选择得到的预期支付都是一样的。

在地方政府与企业的博弈中，企业是否为农业转移人口缴纳社会保险费取决于地方政府是否监管，地方政府是否监管取决于企业的违规收益 e 和违规罚款 f。违规收益 e 越大，违规处罚 f 越小，企业越有可能违规，地方政府越趋向于选择监管策略，保证企业缴费。同样，地方政府是否选择监管取决于企业是否依法为农业转移人口缴纳社会保险费，企业是否选择依法缴费又取决于地方政府的监管成本 c 以及地方政府对违法行为进行监管时所获得的收益 f 和不监管所遭受的损失 e，监管机构的监管成本越高，监管机构越不愿监管，企业不依法缴费的概率就越高。

从博弈论的角度来看，地方政府和企业会根据双方都可以预算到的支出费用指标来决定双方的缔约关系，本书是指根据社保缴费支出来决定双方的契约关系，实际上这是一种相关博弈，费用支出就是信号，而地方政府采取的惩罚措施与企业依法缴费成本支出共同决定了企业的支付。就我国目前的市场情况而言，企业不依法为农业转移人口缴纳社会保险费的收益 $e = 1.39$ ［万元/（人·年）］，支出较大，而不依法缴费，被发现的可能性较小，一旦被发现处罚只是收益的 3 倍，倍数比较少，所以很多企业都选择不缴费策略。要想让企业依法足额为农业转移人口缴费，地方政府必须加大检查力度，加大检查力度就意味着加大检查成本，由上面计算可知地方政府监管成本占社保基金支出的 2%，所以地方政府监管的意愿不强，监管不到位。要想使不依法为农业转移人口缴纳社保费的企业减少，必须进一步通过降低企业缴费率来降低企业违规收益，减轻企业经营负担；降低监管成本，同时增加处罚力度，提高不缴费的违约罚款，使各监管机构形成监管合作，建立强有力的监管机制。

三、农业转移人口与地方政府的分担博弈

假设地方政府的纯策略为分担和不分担，分担为参与农业转移人口市民化成本的分担，不分担则正相反；农业转移人口的纯策略为市民化与不市民化。地方政府的自有收益为 a，如果选择分担策略，则其未分担且需要由本年分担的市民化成本为 c_1。同时，农业转移人口市民化可以壮大当地产业工人队伍，增加当地税收，并拉动消费需求，促进当地经济发展，这会给当地政府带来一定收益，设为 b。如果农业转移人口选择市民化策略，可以为其自身带来的收益为 d_1，未支付且需要由本年支付的成本为 c_2，如果地方政府不分担农业转移人口市民化成本，则农业转移人口将独自承担市民化成本，此时未承担且需要由本年承担的成本为 c_3，显然，$c_2 < c_3$；如果农业转移人口选择不市民化策略，则其收益为 d_2，需要支付的成本为 c_4，显然 $d_1 > d_2$。

我们以 2017 年数据为依据计算，其中：

a＝2017 年地方政府的财政收入＝91 469.41（亿元/年）。

根据本书第四章第四部分（三）中第 1 部分的计算，地方政府未分担且需要由本年分担的市民化成本 c_1＝957.69（亿元/年）；根据石忆邵和王樱晓（2015）的计算结论，当期市民化提高 1 个百分点会引起当期 GDP 增加 0.75 个百分点[142]。根据表 4-2 的计算，2017 年市民化提高 1.15 个百分点，则当年 GDP 增加 0.86％，因财政收入与 GDP 成正比，假设增长比例也相同，则因农业转移人口市民化引起的财政收入当年也增长 0.86％，则增加量为 172 592.77×0.86％＝1 484.30（亿元），其中地方政府占 53％，为 786.68 亿元，所以 b＝786.68（亿元）；

由于农业转移人口市民化，可以为其带来的收益为现有城镇户籍居民享受的收益，则

d_1＝农业转移人口市民化年总收益

＝工资收入＋享受保障房带来的购房成本减少量收益＋就业培训收益＋
社保收益＋低保收益＋农村土地经营收益＋子女城镇公办义务教育
收益

＝工资收入＋享受保障房带来的购房成本减少量收益＋就业培训收益＋

（城镇职工基本养老保险收益＋城镇职工基本医疗保险收益＋城镇职工失业保险收益＋城镇职工工伤保险收益＋城镇职工生育保险收益）＋低保收益＋农村土地经营收益＋子女城镇公办义务教育收益

$= 3\,805 \times 12 \times 0.16 + 266\,261.42 \times 0.16 \times 14\% + 800 \times 0.16 \times 95\% + 22\,958.28 \times 0.16 \times 57.90\% + 3\,122.05 \times 0.16 \times 40.92\% + 475.83 \times 0.16 \times 23.60\% + 291.46 \times 0.16 \times 25.30\% + 385.23 \times 0.16 \times 29.03\% + 540.60 \times 12 \times 0.16 \times 2.21\% - 12.53 \times 3.51 \times 0.16 + (11\,182.83 \times 189.60 \times 46\% + 16\,023.67 \times 76.55 \times 41\%) \div 10\,000$

$= (45\,660 + 37\,276.60 + 760 + 13\,292.84 + 1277.54 + 112.30 + 73.74 + 111.83 + 143.37 - 43.98) \times 0.16 + (97.53 + 50.29)$

$= 98\,664.24 \times 0.16 + 147.82$

$= 15\,786.28 + 147.82$

$= 15\,934.10$（亿元）。

其中：由于农业转移人口市民化对其工资收入不会有太大的影响，所以工资收入仍然用农业转移人口的务工收入计算；城镇职工基本养老保险收益为农业转移人口预期发放年养老金现值，2011—2019 年，农业转移人口务工月收入由 2 049 元/月上涨至 4 427 元/月，平均月上涨 300 元左右，我们假设 2020年以后农业转移人口务工收入仍然以这样的速度上涨，则可以估算出今后农业转移人口各年的工资水平。2017 年外出务工农业转移人口平均年龄 34 岁，假设男女平均 55 岁退休，则需缴纳养老费 21 年，可以计算未来各年直到退休转移人口应缴纳养老保险费总额，并据此计算农业转移人口退休以后发放养老金数额，按照 2017 年我国人口平均寿命 77 岁计算，可发放 22 年，然后将所发放养老金总额折成现值，再除以发放年数，即得到城镇职工基本养老保险收益。城镇职工基本医疗保险收益 $= \dfrac{城镇职工基本医疗保险基金支出}{城镇职工基本医疗保险参保人数}$，城镇职工失业保险收益、城镇职工工伤保险收益和城镇职工生育保险收益的计算与城镇职工基本医疗保险收益的计算相同，农村土地经营收益 ＝ 每亩净利润 × 农村人均耕地面积。

根据本书第四章的计算，$c_2 = 29\,053.46$（亿元），

$c_3 = c_1 + c_2 = 957.69 + 29\,053.46 = 30\,011.15$（亿元），

$d_2 =$ 务工收入＋农村土地经营收益＋城乡居民养老保险收益＋城乡居民医疗保险收益＋农村低保收益＋农村保障房收益＋子女农村义务教育收益，

= 人均年［务工收入＋农村土地经营收益＋城乡居民养老保险收益＋

城乡居民医疗保险收益＋农村低保收益＋农村保障房收益］×0.16＋

子女农村义务教育收益

= 人均年［务工收入×每亩土地收益×农村人口人均土地面积＋预期

发放养老金＋$\dfrac{城乡居民基本医疗保险基金支出}{城乡居民基本医疗保险参保人数}$＋农村低保平均标

准×农村低保享有率＋$\dfrac{农村危亡改造支出}{农村总人口}$］×0.16＋子女农村公办

义务教育收益

$$= \left[3\,805 \times 12 - 12.53 \times \frac{202\,300}{57\,661} + 70 + \frac{(200+35) \times 20}{139} \times 12 \times 100\% + \right.$$

$$\left. \frac{4\,954.80}{8.74} \times 100\% + 4\,300.70 \times \frac{4\,045.20}{57\,661} + \frac{419.33}{5.77} \right] \times 0.16 +$$

$$(10\,194.82 \times 189.60 \times 100\% + 14\,065.68 \times 76.55 \times 100\%) \div 10\,000$$

$$= (45\,660 - 43.96 + 475.76 + 566.91 + 301.72 + 72.67) \times 0.16 +$$

$$(193.29 + 107.67)$$

$$= 47\,033.10 \times 0.16 + 300.96$$

$$= 7\,525.30 + 300.96$$

$$= 7\,826.26 \text{（亿元）。}$$

其中，由于农村居民基本都参加了城乡居民养老保险和城乡居民医疗保险，所以我们按 100% 参保率计算；农村义务教育阶段学生如果想上学都可以进入公办学校就读，所以我们也按 100% 享受率计算；当年城乡居民养老保险人均缴费为 282 元，我们以 200 元档计算养老金的发放。

c_4 = 年城乡居民基本养老缴费＋年城乡居民基本医疗缴费

$$= (200 + 180) \times 0.16$$

$$= 60.80 \text{（亿元）。}$$

于是可得下面支付矩阵（表 6-2）：

表 6-2　地方政府与农业转移人口之间博弈的收益矩阵

农 业 转 移 人 口

		市民化	不市民化（返乡）
地方政府	分担	91 469.41＋786.68－957.69， 15 934.10－29 053.46	91 469.41－956.57， 7 826.26－60.80
	不分担	91 469.41＋786.68， 15 934.10－30 011.15	91 469.41， 7 826.26－60.80

　　我们用所谓的"策略下划线法"。首先是用下划线来表示地方政府的条件策略，当农业转移人口选择市民化时，地方政府的条件策略是不分担，此时，他得到的支付是矩阵左下角单元格中的第一个数字 91 469.41＋786.68，于是我们在这个数字的下面画一条线，并用这个下面带线的数字来表示地方政府的条件策略（在农业转移人口选择市民化时选择不分担），用包含这个数字的支付组合（91 469.41＋786.68，15 934.10－30 011.15）来表示地方政府的策略组合（为不分担，市民化）。当农业转移人口选择不市民化时，地方政府的条件策略是不分担，此时，它得到的支付是矩阵右下角单元格中的第一个数字 91 469.41，我们在这个数字的下面画一条线，并用这个下面带线的数字来表示地方政府的条件策略（在农业转移人口选择不市民化时选择不分担），用包含这个数字的支付组合（91 469.41，7 826.26－60.80）来表示地方政府的条件策略组合（不分担，不市民化）。

　　其次是用下划线来表示农业转移人口的条件策略。当地方政府选择分担时，农业转移人口的条件策略是不市民化，此时，农业转移人口的支付是矩阵右上角单元格中第二个数字 7 826.26－60.80。我们在这个数字的下面画一条线，用以表示农业转移人口的条件策略（在地方政府选择分担时选择不市民化），并用包含这个数字的支付组合（91 469.41－956.57，7 826.26－60.80）来表示农业转移人口的条件策略组合（分担，不市民化）。当地方政府选择不分担时，农业转移人口的条件策略是不市民化，此时，农业转移人口的支付是矩阵右下角单元格中的第二个数字 7 826.26－60.80。我们在这个数字的下面画一条线，用以表示农业转移人口的条件策略（在地方政府选择不分担时选择不市民化），并用包含这个数字的支付组合（91 469.41，7 826.26－60.80）来表示农业转移人口的条件策略组合（不分担，不市民化）。

　　从上面矩阵中，我们可以看到，只有矩阵右下角单元格中的两个数字的下面都画线，所以这个单元格所对应的策略组合就是均衡策略组合。其他单元格的两个数字下面没有都画线，故与这些单元格对应的策略组合都是不均衡的。

　　从均衡结果看，按照地方政府和农业转移人口目前的收益和市民化成本支出水平，无论是农业转移人口还是地方政府获得的农业转移人口市民化增值收益都不足以补偿转移人口自身和地方政府每年 0.16 万人口的市民化成本，地方政府的收益会随着其分担成本而减少，无论其他主体是否分担市民化成本，不分担总是其占优策略；农业转移人口也是如此，他们的收益也会随着市民化而减少，不市民化总是他们的占优策略。所以它们的最优策略就是不分担和不市民化。

从地方政府的角度，它们充分利用农业转移人口的流入发展本地经济，并增加了当地的财政收入；但另一方面，给予农业转移人口市民化待遇需要巨大的成本支出，从上面的支付矩阵可以看出，当年需要支出 957.69 亿元，这减少了自身的收益，所以地方政府选择不分担策略，不积极对流入的农业转移人口进行权益与福利保障，以减少财政对市民化公共服务方面的支出。从农业转移人口的角度，农业转移人口不市民化给他们带来的收益更大，从矩阵中看是 7 826.26－60.80 亿元。或者，他们市民化需要支出的成本太高，超出了他们的经济承受力，他们也不能够市民化，从上面的支付矩阵也可以看出，他们每年需要分担的市民化成本为 29 053.46 亿元，而他们的收益却只有 15 934.10 亿元，他们的支付为 15 934.10－29 053.46＝－13 119.36（亿元），是一个负数。越是不能市民化，他们越有可能停留在这种流动的状态，或者有可能返乡，这会减少当地劳动力的供给，影响当地的经济发展，也会影响农业转移人口分享经济发展成果和各种福利享受。

不分担不市民化策略违背了我国的大政方针，如果地方政府选择不分担策略，在完全信息情况下，这种行为肯定是不可持续的，在一段时间以后就会被中央政府发现，继而减少对当地政府的拨款和补贴，甚至会加以处罚，这一点地方政府也很清楚。在这种情况下，二者协商并采取的相应行为就非常关键。如果经过协调，中央政府同意给予地方政府专项投入或补贴，且投入额大于 957.69 亿元，就会使地方政府选择分担市民化成本策略。同时，农业转移人口在地方政府选择分担市民化成本的情况下仍然会选择不市民化策略，主要是因为农业转移人口承担了太多的商品住房成本，商品住房成本为 266 261.42×（80.80％－19％）×0.16＝26 327.93 亿元，占其应分担成本的 90.62％，如果地方政府能够将更多的农业转移人口纳入当地住房保障体系，假设按照很多发达国家的比例将 30％的农业转移人口纳入城镇住房保障体系，则农业转移人口就会少分担 266261.42×0.16×（30％－14％）＝6 816.29（亿元）的商品住房成本，成本额减少 29 053.46－6 816.29＝22 237.17（亿元）。农业转移人口也会相应增加享受保障房带来购房成本减少量收益 6 816.29 亿元，则总收益增加为 15 934.10＋6 816.29＝22 750.39＞22 237.17（亿元）。在目前农业转移人口收益的情况下，就能够负担起自己的市民化成本，促使农业转移人口分担市民化成本而转变为市民，并且 26 327.93 亿元的商品住房成本为每年一次性支出成本，其他 29 053.46－26 327.93＝2 725.53（亿元）的成本则为每年都需要累加支出的成本，所以当年的这 0.16 亿农业转移人口到第二年的时候，就不用再支出住房成本了，而农业转移人口市民化以后每年的收益不变，则他们的支付就会增加为 15 934.10＋6 816.29－2 725.53＞7 826.26－60.80（亿元），这时农业转移人口就会选择市民化策略，最终实现（分担，市民化）。

　　通过以上分析可以看出，中央政府可以通过加大对地方政府的投入，来减少地方政府的市民化成本分担数额。地方政府可以通过向农业转移人口提供保障性住房，帮助农业转移人口分担市民化商品住房成本，从而降低农业转移人口个人分担的成本。地方政府分担市民化成本越多，农业转移人口越可能市民化。所以，我们在后面设计投入机制时，既包括专项投入机制也包括长效投入机制，同时还应将农业转移人口纳入地方政府的住房保障体系。

四、中央政府与地方政府的分担博弈

　　中央政府在农业转移人口市民化成本分担中充当三方面的角色：一是作为市民化成本分担的发起人和引导者，确保农业转移人口市民化成本得以顺利分担，推进市民化进程；政府既要考虑企业和农业转移人口的成本分担能力和分担意愿，又要考虑分担的效率和公平性。二是作为转移支付的提供者，帮助地方政府承担市民化成本；三是作为法律和制度的制定者，通过强制性缴费，解决欠缴和漏缴的问题，构建一个合理的分担机制，并以法律形式强制实施，使各个主体的利益能够激励相容，为市民化成本分担提供立法和监管服务[143]。

　　根据本书第四章的计算，农业转移人口市民化年总成本中未分担且需要由本年分担的成本为 30 634.17 亿元/年，中央政府无力全额承担，为了鼓励其他主体共同分担，它提出奖励（或转移支付）政策，如果地方政府和企业以及农业转移人口个人共同承担了 957.69＋615.86＋29 053.46＝30 627.01 亿元的市民化成本，它就给予 7.18＋360.72＝367.90 亿元的奖励（或转移支付），如果没有承担 30 627.01 亿元，则中央政府就不给奖励（或转移支付）。

　　假设这三个主体同时决定分担多少成本，C_i 代表第 i 个主体的分担数额，C_{-i} 代表主体 i 之外的所有成本分担数额，假设主体 i 的收益为 $a\times(C_{-i}+C_i)-C_i$，这一收益表示分担主体 i 从农业转移人口市民化中得到的收益，且该收益取决于各主体分担的市民化成本数额，即各主体一共出资了多少来承担市民化成本，其中 a 表示各主体收益占共同承担成本的比例，地方政府、企业和农业转移人口个人的各自收益占共同承担成本的比例各不相同，$-C_i$ 表示出钱分担市民化成本导致的个人损失。

由于农业转移人口市民化使地方政府财政收入增加了786.68亿元，占地方政府、企业和农业转移人口未分担且需要由本年分担成本总额的比率为786.68/30 627.01≈2.57%，所以地方政府的收益函数如下：

在没有中央政府奖励（或转移支付）的情况下，地方政府的收益函数为：

$$V_1(C_1, \cdots, C_3) = 2.57\% \times (C_1 + C_2 + C_3) - C_1$$

用地方政府的收益函数对 C_1 求偏导数，可以得到一个确定的值 $2.57\% - 1$，表明地方政府的收益会随着其分担成本的增多而减少，无论其他主体是否分担市民化成本，不分担总是其占优策略。其他主体也是如此，所有的分担主体都是理性人，他们的收益会随着分担成本增多而减少，不分担总是他们的占优策略。所以在这种情况下，纳什均衡是所有主体都不分担市民化成本。但这与我国推进农业转移人口市民化的目标相背离，所以中央政府会采取奖励（或转移支付）的方式鼓励其他主体分担市民化成本。

在有中央政府奖励（或转移支付）的情况下，地方政府的收益函数为：

$$V_1(C_1, \cdots, C_3) = \begin{cases} 2.57\% \times (C_1 + C_2 + C_3) - C_1 & \text{if } C_1 + C_2 + C_3 < 30\,627.01 \\ 2.57\% \times (C_1 + C_2 + C_3 + 369.02) & \text{if } C_1 + C_2 + C_3 \geqslant 30\,627.01 \end{cases}$$

在成本分担没有达到30 627.01亿元的情况下，地方政府的收益与没有转移支付时相同；若成本分担达到30 627.01亿元，则地方政府、企业和农业转移人口个人就会共同获得367.90亿元的转移支付。

假设所有分担主体的最优反应相同，我们来求地方政府的最优反应函数，C_{-i} 为其他分担主体的总成本分担额，如果 $C_{-i} \geqslant 30\,627.01$ 亿元，无论地方政府是否分担农业转移人口市民化成本，都可以得到奖励（或转移支付），所以无论 C_1 取何值，地方政府的收益都是 $2.57\% \times (C_1 + C_2 + C_3 + 367.90) - C_1$，对这个支付函数的 C_1 求偏导数，得到微商为 $2.57\% - 1$，对于地方政府来说，它的最优的成本分担额是 0，它的策略是不分担。

如果 $C_{-i} < 30\,627.01$ 亿元，这时其他分担主体的分担总额不足以得到奖励（或转移支付），只要地方政府分担的市民化成本数不能使总成本达到30 627.01亿元，地方政府的收益就是 $2.57\% \times (C_1 + C_2 + C_3) - C_1$，这一表达式的微商为 $2.57\% - 1$，所以，地方政府的收益因为分担市民化成本而减少。因此，如果地方政府分担的农业转移人口市民化成本不能最终获得中央政府的奖励（或转移支付），它的策略就是不分担。如果地方政府分担的农业转移人口市民化成本能够最终获得奖励（或转移支付），即成本分担总额大于30 627.01亿元，此时，它的收益为 $2.57\% \times (C_1 + C_2 + C_3 + 367.90) - C_1$，微

商仍为 2.57%－1，并且分担的市民化成本越少收益越高。如果达到获得奖励（或转移支付）的条件，地方政府会认为最优的策略是分担的市民化成本越少越好，即 30 627.01－C_{-i}。总之，C_{-i}＜30 627.01 亿元时，地方政府的最优策略为不分担或使分担数额达到 30 625.89 亿元的最小成本分担数额。

在其他分担主体的分担总数达不到获得奖励（或转移支付）的条件时，地方政府的最佳策略是不分担或者分担为可以获得奖励（或转移支付）的最小成本分担额，那么，哪种策略更好？

当 2.57%×（30 627.01＋367.90）－（30 627.01－C_{-1}）≥2.57% C_{-1} 时，2.57%×（30 627.01＋367.90）－（30 627.01－C_{-1}）表示地方政府分担市民化成本时的支付，2.57% C_{-1} 表示地方政府不分担市民化成本时的支付，当地方政府分担市民化成本时的支付大于不分担市民化成本时的支付时，地方政府会选择分担市民化成本，求得 C_{-1}≥30 617.31 亿元。

当 C_{-1}＜30 617.31 亿元时，地方政府的最佳策略为不分担市民化成本；当 30 617.31≤C_{-1}＜30 627.01 亿元时，地方政府的最佳策略为分担市民化成本 30 627.01－C_{-1}；当 C_{-1}≥30 627.01 亿元时，地方政府的最佳策略为不分担市民化成本。这一结论适用于各个分担主体。

地方政府的最优反应函数为：

$$BRi=\begin{cases} 0 & \text{if } C_{-1}<30\ 617.31 \\ 30\ 627.01-C_{-1} & \text{if } 30\ 617.31f\leq C_{-1}<30\ 627.01 \\ 0 & \text{if } C_{-1}\geq 30\ 627.01 \end{cases}$$

用一个图形将这个最优反应函数表示出来（图 6-3）如下。

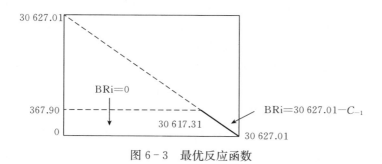

图 6-3　最优反应函数

从地方政府的最优反应函数可以看出，C_{-1} 表示分担主体 1 以外的其他分担主体分担的农业转移人口市民化成本总数，如果 C_{-1}≥30 627.01，或者 C_{-1}＜

30 617.31，最优的分担成本数为 0，此时分担主体 1 的策略为不分担市民化成本。但这与事实不符，我国农业转移人口市民化成本分担主体为政府、企业和农业转移人口个人，每一个主体都有承担市民化成本的法定责任和义务，所以每一个主体分担市民化成本的数额都不可能为 0。

这就可以看出，中央政府的奖励（或转移支付）对市民化成本分担的影响力，通过 367.90 亿元的奖励（或转移支付），促使各个主体分担农业转移人口市民化成本。这是一种鼓励，这也是政府奖励（或转移支付）的力量。政府奖励（或转移支付）的作用在于增大各个主体市民化成本分担的边际影响力。在没有奖励（或转移支付）的情况下，地方政府的收益为 $2.57\% \times (C_1 + C_2 + C_3) - C_1$，在有奖励（或转移支付）的情况下，地方政府的收益为 $2.57\% \times (C_1 + C_2 + C_3 + 367.90) - C_1$，对于企业和农业转移人口个人也是如此。

可以用同样的方法计算，当中央政府对地方政府的奖励增加，或者地方政府从农业转移人口市民化获得的收益增多时，地方政府最优反应函数中的 C_{-1} 的取值区间就会扩大，地方政府分担市民化成本的可能性就会增大。很明显，政府奖励（或转移支付）使各个分担主体的收益得到了提升。因此，在农业转移人口市民化成本的实际分担过程中，可以利用中央政府的奖励（或转移支付）建立人钱挂钩、人地挂钩、购房补贴等一系列激励机制来鼓励各主体共同分担市民化成本。

本 章 小 结

本章将博弈思想和博弈模型引入农业转移人口的市民化成本分担，通过分析在市民化成本分担过程中各主体之间的博弈关系，找出克服各主体在市民化成本分担中的劣势策略的方法，选择优势策略。通过地方政府的监管使更多企业能够为农业转移人口缴纳社会保险费用，并通过降低监管费用、降低企业违约收益、加大惩罚力度等手段来实现监管效果。同时，提高中央政府和地方政府在农业转移人口市民化成本分担中的投入力度，以实现社会整体效用的最大化。再有，中央政府也可以通过奖励或转移支付等与市民化人数挂钩的方式鼓励其他各主体共同分担市民化成本。并且从本章的博弈模型分析中可以看出，中央政府通过转移支付与分担市民化成本挂钩的方式不仅实现了农业转移人口市民化，还增加了其他分担主体的利益。本章的分析，为下一章农业转移人口市民化成本分担机制优化中激励机制及监管机制等分担机制的建立提供了参考。

第七章 农业转移人口市民化成本分担机制优化

一、农业转移人口市民化成本分担机制优化的目标

前文对我国农业转移人口市民化成本的测算，使人们了解了农业转移人口市民化成本包括哪些指标，如何测算，现有的市民化成本分担机制现状如何，包括哪些主体，它们的分担责任怎样，分担资金来源如何，分担机制的效果怎样，分担机制存在哪些问题。由于分担机制存在问题，农业转移人口市民化成本没有被很好地分担，导致农业转移人口没有享受到城镇中应有的各种福利，无法转化为市民。希望通过机制的优化和运行促进农业转移人口市民化成本分担，使得机制内各主体相互配合和协调一致，各种资源也实现最优配置和充分利用，信息资源、资金资源、人力资源能得到充分利用，实现机制高效率的运行。现有市民化成本分担机制运行效率有待提高、运行主体分担责任划分不够合理、资金投入缺乏针对性、机制的激励作用不足、筹资功能发挥不力和监管力度不够等问题仍然存在，使得各主体的利益不能很好地协调，影响了农业转移人口市民化成本的分担，这也是本书进行机制优化要解决的问题。

机制能否有效，一方面取决于它的设计是否合理，另一方面取决于各个主体是否积极参与，而各个主体的参与是基于通过这个机制可以实现自身利益的最大化。本书通过机制优化，主要实现以下两个目标。

（1）解决农业转移人口市民化成本的分担问题。通过职责划分优化，明确现在分担机制中各运行主体应该承担的成本责任，对于以往不合理的分担职责进行重新调整，使分担职责更符合农业转移人口高流动性和户籍地与工作地不

匹配的现实。

(2) **解决农业转移人口市民化成本如何分担得更好的问题。**通过机制的运行，协调政府、企业和农业转移人口等各参与方的利益，使政府能够足额分担自己应该承担的市民化成本，使企业也能够足额分担自己应分担的市民化成本，使农业转移人口个人也愿意足额付费，并通过一系列的措施保障机制的有效运行，以实现农业转移人口市民化成本的足额分担，为转移人口市民化进程扫清障碍，促使农业转移人口市民化的顺利实现。

二、农业转移人口市民化成本分担机制优化的原则

(一) 一般原则

1. 系统性原则

农业转移人口市民化成本分担涉及农业转移人口在转型为市民的过程中投入的资金能否得到解决的问题，这关系到其就业、教育、社保、医疗和住房保障等社会福利的获得和享受。比如在推进农业转移人口市民化的过程中必然会涉及直接支持市民化进程的财政、税收、教育、公安、人力资源与社会保障等职能部门，还会涉及当地的区域经济、产业发展、企业经营等各个方面。所以市民化成本分担机制是一项关乎政府各部门的综合性设计，通过各主体的协调与配合，运用不同的激励措施、筹资措施、监督措施等，促进农业转移人口市民化成本分担机制良好运行。

2. 科学性原则

任何机制的优化都必须以科学性为前提，要在科学理论的指导下，正确处理主体与客体、理论与实际之间的关系，运用科学的思维方式和合理的技术手段来优化机制，这是由实践活动自身的客观性和规律性决定的。农业转移人口市民化成本分担机制也不例外，在优化的过程中必须遵循科学的理论、科学的程序，才能实现机制的良性运行。

3. 可操作性原则

优化农业转移人口市民化成本分担机制的根本目的是通过机制的运行指导我国新型城镇化的最终实现，因此要具有一定的可操作性。机制的优化能够解决农业转移人口市民化成本分担中的关键问题，并且具体做法应既可以理解，也可以切实在实际中推行和操作，从而把机制的作用发挥出来。

4. 动态性原则

农业转移人口市民化成本分担机制的优化是建立在现有经济和财税体制及各种法规、制度基础上的，其中的任何一个因素发生改变，会影响甚至改变机制的框架和运行，所以，在优化市民化成本分担机制的过程中，要充分考虑到国家的大政方针，适时调整分担机制。

（二）具体原则

1. 谁受益，谁承担的原则

所谓谁受益，谁承担的原则是指根据各主体的受益情况来确定是否分担成本份额。任何一个经济主体在享受权利和获得利益的同时，都应该承担相应的责任与义务，市民化成本分担也不例外。农业转移人口市民化作为经济社会发展的必经阶段，涉及社会和个人双重利益，因此，在分担农业转移人口市民化成本时，政府和企业应该分担一部分市民化成本，农业转移人口个人也应该分担一部分成本[144]。农业转移人口通过市民化，可以获得与原有城镇居民相同的工资待遇，享有城镇养老、医疗、失业等社会保障，以及子女义务教育和保障性住房等城镇福利；可以享受城镇便捷的交通，以及促使生活质量提高的各种公共服务；可以通过快捷的信息化手段获取丰富的资源；可以获得更多学习和培训机会，学到更多知识，提升文化水平和工作技能；经过城市文明的洗礼和现代文明的熏陶，可以开阔视野，形成开放的思维方式、竞争意识、市场意识和法律意识，以及更加现代的价值观和消费观，尽享高品质的生活；可以提升文明意识，提高自身的道德修养，因此作为市民化最直接的受益者，农业转移人口理应分担市民化成本。农业转移人口所在企业大多为传统制造业和建筑业企业，其次是批发零售业和居民服务修理业企业，其技术含量低、用工数量多，在为农业转移人口提供大量就业岗位的同时，又注定了工人的工资低，企业正是利用相对低廉的劳动力成本来保持产品的价格优势和竞争优势，并以此获得丰厚的企业利润的，同时它们还可以借助农业转移人口市民化获得充足稳定的劳动力资源和业务熟练的技术工人，因此作为受益者，企业也应该分担一部分市民化成本。企业又是政府税收的主要缴纳者，农业转移人口的大量涌入满足了企业对人力资本的需求，促进了企业的快速发展，创造了大量的社会财富，实现了经济的繁荣稳定，给政府带来了大量的税收收入，政府因此大大受益。除了税收收益，随着农业转移人口不断实现市民化转型，他们对住房和公共服务的需求不断增大，由此引发的房屋开发和基础设施建设给政府带来了大量的国有土地使用权出让收入和投资收益。同时,以农业转移人口市民化为核心的新型城镇化为经济发展带来了巨大的产业发展机遇和新兴服务需求,极大地促进了我国经济结构的优化和经济社会的发展,间接增加了政府收入[32]。因此政府理应承担市民化成本分担的主要责任。在具体操作过程中,还要充分考虑公共事务的受益范围,确定是中央政府还是地方政府的分担责任,那些受益边界明确且纯粹地方性的市民化成本由地方政府承担,受益边界模糊难以明确市民化成本分担主体的应由中央政府承担[145]。

2. 财权与事权相匹配的原则

所谓财权是政府为满足一定的支出需求而筹集财政收入的权力,所谓事权是政府在公共事务和服务中应承担的任务和职责。各级政府要为辖区内市民化后的农业转移人口提供更多的公共服务,其财权要与提供的公共服务责任相匹配。自1994年分税制改革以来,中央政府财政收入占比迅速上升,由原来的30%提升到现在的50%以上,地方政府则下降到50%以下。按照财权与事权相统一的原则,应该适当提高中央政府在农业转移人口市民化成本分担中的比例,充分发挥中央政府对市民化的推进作用;降低地方政府的分担比例,并且在地方内部,省政府要保障本省辖区范围内纵向各级政府之间和横向各城市之间的财权与公共服务支出成本责任相匹配,市级政府也要保障本辖区内各县的财权与公共服务支出成本责任相匹配。同时还要根据当地接收的农业转移人口数量、经济发展和社会条件等状况来划分地方内部各级政府的分担责任,当县级政府没有能力承担农业转移人口市民化过程中需提供的公共服务成本支出时,市级政府要负责承担,其次是省级政府给予转移支付,最后才是中央政府。

3. 政府为主,多元参与的原则

农业转移人口市民化的过程实际上就是公共服务均等化的享受过程,因此这个过程中所花费的成本就应该由作为公共服务供给主体的政府来承担,况且农业转移人口通过劳动创造的社会财富在很大程度上通过税收的形式上交给了政府,所以农业转移人口市民化转型的大部分成本理所当然应该由政府来承担,但若单纯依靠政府,既超出了政府的财政能力,又有违公平原则,所以还应该要求企业和农业转移人口个人共同参与市民化成本分担。依据政府主导、多方参与的市民化成本分担原则,设计成本共担、协同推进的农业转移人口市民化成本分担机制,多渠道筹集市民化成本分担资金,推进市民化进程[146]。

三、农业转移人口市民化成本分担机制总体框架

农业转移人口市民化成本分担机制的总体框架如图 7-1 所示。

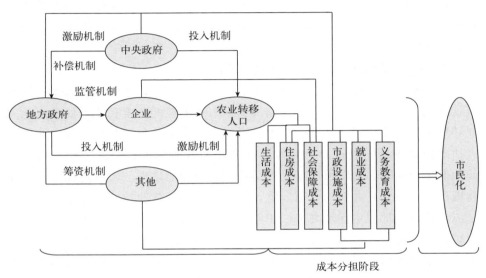

图 7-1　农业转移人口市民化成本分担机制总体框架

四、农业转移人口市民化成本分担机制分担责任优化

（一）政府分担责任优化

1. 继续承担基础设施建设支出

继续增加城镇基础设施建设投入，尤其是农业转移人口流入较多的大中城市，应加强城镇道路交通基础设施建设，提高供水供电等基本生活基础设施的提供能力，加大城市管网建设和改造力度，增加污水和垃圾处理设施建设，全面提升城镇基础设施水平，增强城镇人口承载力，缓解农业转移人口带来的城镇基础设施承载压力，拓宽融资渠道，多渠道筹集资金，支持城镇功能提升，将农业转移人口市民化纳入城镇基础设施建设规划。但是基础设施建设投入资金大，虽然这些成本不需要一次性支付，但是负担依然比较沉重，单纯依靠政府财政投资显然是不现实的，除了政府财政投资，还可以依法赋予地方政府适

度举债的权限，赋予其通过发行市政债券为基础设施融资的权力，通过发行城市建设债券筹集资金，完善和健全现行的地方政府债券制度，并逐渐规范地方政府发债的方式和程序，探索一般债券与专项债券相结合的地方政府举债融资办法。应建立健全地方债券发行管理制度和评级制度，同时健全地方政府债务管理机制，保障债务资金使用的公开和债务偿付资金来源的稳定。还应高度重视市场力量，将投资大、回收期长的城镇基础设施建设交给市场运作，充分发挥社会资本在城市建设中的作用[5]。

2. 由流入地和流出地共同分担就业培训成本

农业转移人口在享受户籍地提供就业培训的同时，还应被纳入流入地城镇就业服务体系。户籍地政府从增加本地人员就业的角度和流入地政府从农业转移人口为本地区经济增长和税收做出巨大贡献的角度都应该为农业转移人口承担就业培训成本，针对他们分类开展就业培训，予以创业扶持[147]，使他们无论何时何地都可以享受到免费的就业技能培训。农业转移人口要想在城市就业、立足并转为城市居民，必须有良好的就业技能。无论流出地还是流入地政府都有责任和义务以职业教育与技能培训为重点，组织和引导农业转移人口有针对性地参加他们所需要的各种技能培训，并增加公共财政投入承担培训费用，通过费用资助激发转移人口再培训的积极性，提高他们的劳动就业技能[148]。中央财政专项补助基金应带动各省省级财政加大技能培训经费投入，各级政府也要将培训资金列入地方财政预算，建立规范的培训资金管理制度，培训资金由指定部门管理并集中使用，不能改变资金的使用用途，实行专款专用，明确资金拨付审批程序，并实行财务公开和阳光操作，强化财务审计监督和资金使用监管。对职业技能培训实行分类补贴，做到统一培训内容、统一培训补助，培训时间长、技术含量高的职业技能时，可以多项资金叠加使用，分项列算，使培训资金使用效率最大化。统筹安排各种职业技能培训，统一培训计划，统一下达任务，对所有接受培训的农业转移人口都要建立信息档案，防止冒领培训补助的行为[148]。根据不同城镇的特点和优势发展产业，通过产业集聚、产业升级和产业转移来提高产业的就业吸纳能力。依靠广大农业转移人口强烈的自我创业、自我发展的欲望，鼓励他们发展民营经济，给予他们资金和政策扶持，以创业带动就业，提高农业转移人口更好融入城市的能力。

3. 增加中央政府在随迁子女义务教育成本中的分担责任

政府应将随迁子女纳入流入地城镇正规教育体系，使他们能在公办中小学校就读，接受正规教育。还应将他们纳入教育发展规划和教育经费预算，合理规划学校布局，足额拨付教育经费，科学核定教师编制，在入学手续、教育收费及师资配备等方面对随迁子女一视同仁，统一编班、统一管理、统一安排活动，使他们作为父母贡献的受益者，能够享受到与当地学生一样的入学条件和义务教育权利[149]。不允许对随迁子女收取赞助费，保证随迁子女流动到任何地区都能正常入学和接受义务教育[4]。落实义务教育属地化管理，本着随迁子女免试就近入学的原则，切实解决好他们接受义务教育的问题，为农业转移人口边工作边抚养教育子女提供便利[149]。

在随迁子女的教育经费中，基本建设费和人员经费占比较高，基本在90%左右，尤其基本建设费涉及老校舍的维修、新校舍的建设和大型教学设备的购置，需一次性投入较多，建议由中央政府和流入地政府按照 5：5 的比例共同分担。人员经费也是教育经费中的主要部分，且是经常性支出，建议由中央政府、流入地省市县三级政府共同分担，各分担 1/4，等流入地政府的财政压力得到缓解以后，再逐步减少中央政府的负担比例，过渡到以流入地各级政府最终承担[150]。

同时推进全社会 12 年义务教育和教育经费全国统筹，确保所有的人都能接受平等的义务教育，促进新生代农村劳动力素质提升，为城镇现代产业提供高素质的劳动后备军[151]。

4. 调整中央政府与地方政府在社会保险成本中的分担责任

本着收支平衡的原则，社会保险中的职工基本医疗保险、失业保险、工伤保险和生育保险的各种支出由其基金负责，基金不足部分由地方政府给予补助；城镇职工基本养老保险的养老金支出也应由养老基金负责，基金不足部分由中央和地方政府共同给予补助。其中中央政府主要负责养老保险基金中以往的历史欠账部分，如：对于那些达到退休年龄，缴费没有达到 15 年，而一次性补齐剩余缴费的农业转移人口，其统筹账户中的差额不应再由流入地政府补齐，而应由中央财政给予充实，防止空账运行。并将中央政府对这一差额的补齐直接划归中央财政的本级支出责任，而非以转移支付的形式下拨给农业转移人口流入地，这样可以减少各地方政府每年为尽力争取中央的转移支付而额外花费的一些费用。避免地方政府过多纠缠于如何能争取到中央政府的转移支付，而没有把足够的注意力放在如何保证服务数量和质量上的弊端，还可以避免专项转移支付带来的国家政策规定的经费使用范围与基层实际情况不适应的情况[152]。因为农业转移人口欠缴的社保费用是户籍改革的成本，更是历史欠账，而且这一欠账又非流入地政府之过，流入地政府已经承担了太多的当期农业转移人口市民化成本，如果还要承担国家层面的历史欠账，就会超出其经济能力，影响农业转移人口退休后的养老待遇。况且我国中央财政用于社会保障和社会福利的支出比重很低，适当增加中央财政在这方面的支出，减轻地方政府（尤其是流入地政府）的负担也是十分必要的。地方政府主要负责现在工作并退休领取养老金的农业转移人口的养老金不足的补贴部分，两者各负其责，共同分担。

5. 将农业转移人口纳入城镇住房保障体系

流入地政府应增加资金支持，继续加大保障性住房的建设和供给，资金不足部分由中央政府给予适当补贴，改变以户籍人口为主的保障房分配机制，逐渐将城镇常住人口纳入保障房分配范围，尤其是农业转移人口，应首先将他们纳入公租房的保障范围并逐渐扩大覆盖面，然后再逐渐将他们纳入城镇廉租房、经济适用房、限价商品房等政策享受范围，使他们享有与城镇户籍居民相同的保障房申请资格，确保转移人口在城镇"住有所居"。对于为当地经济作出多年贡献且经济收入较高的农业转移人口，可以为他们提供经济适用房；对于参加社会保险一定年限，尤其是缴纳了住房公积金的农业转移人口，可以向他们提供廉租房；对于有农村宅基地和承包地的本地农业转移人口，可以用承包地和宅基地转换城镇住房；对于没有获得保障房的转户进城农民家庭，可以给予适当的住房补贴，降低居住支出占其城镇生活成本的比例，多渠道、多形式改善农业转移人口居住条件，使其能够在城镇安居乐业。

6. 将农业转移人口纳入城镇最低生活保障体系

流入地政府应增拨资金，将农业转移人口纳入城镇最低生活保障覆盖范围，消除户籍制度对农业转移人口在城镇享受社会福利的限制，农业转移人口为城镇的经济发展做出了巨大贡献，理应享受经济发展成果。农业转移人口的受教育程度整体低于城镇户籍人口，收入水平也普遍低于城镇户籍人口，所以更可能失业，他们中有 1/5 的人是举家迁移，如果他们失去工作，家庭人均收入就可能低于最低生活保障水平。最低生活保障制度是为解决城镇居民生活困难而建立的一种社会救济制度，而农业转移人口又被统计进城镇人口，是城镇人口中的一分子，所以他们有从当地政府获得基本生活物质帮助的权利，使他们能够顺利渡过难关，逐渐在城镇安居落户。

（二）企业和农业转移人口个人分担责任优化

企业应该继续为农业转移人口足额支付工资和缴纳社会保险费用，农业转移人口也应该继续承担自己在城镇的生活和住房成本，还应该积极参加社会保险，并足额缴纳社会保险费用。

同时，从全国范围来看，政府正在积极降低企业和个人的社保缴费率，2019 年《降低社会保险费率综合方案》中规定城镇职工基本养老保险企业缴费率由 20％下降到 16％，个人缴费率不变；2017 年《关于做好 2017 年降成本重点工作的通知》中规定失业保险缴费率下降到 1％。但我们的缴费率仍然高于发达国家的平均水平，仍然有一定的下降空间，今后应在社保基金余额充足的前提下继续降低企业和个人的社会保险缴费率，减轻企业和农业转移人口个人在社会保险成本中的分担责任，提高政府在农业转移人口在社会保险成本中的分担份额（表 7-1）。同时划归一些国有资产到社保基金，防止社保基金账户在未来出现亏空，并且是在国有资产变现和充实到社保基金账户中以后，有结余的情况下才可以继续调低缴费率[153]。农业转移人口市民化成本分担机制运行主体分担责任重新划分结果如表 7-1 所示。

表 7-1　农业转移人口市民化成本分担机制运行主体分担责任重新划分

成　　本		中央政府	地方政府		企业	农业转移人口
			流入地	流出地		
生活成本						√
住房成本	（1）商品房					√
	（2）保障性住房	√	√			
城镇市政公用设施建设成本		√	√			
就业成本		√	√	√		
随迁子女义务教育成本	（1）小学	√	√			
	（2）初中	√	√			
社会保障成本	（1）城镇职工基本养老保险	√	√		√	√
	（2）城镇基本医疗保险		√		√	√
	（3）失业保险		√		√	√
	（4）工伤保险		√		√	√
	（5）生育保险		√		√	√
	（6）住房公积金	√	√		√	√
城镇低保		√	√			

五、农业转移人口市民化成本分担机制优化的内容

（一）投入机制

1. 专项投入机制

无论中央财政还是地方财政在预算中都应设立一定比例或一定数量的专项资金，专门用于农业转移人口公共服务的提供和市民化转型，专款专用，不得挪作他用。中央政府的专项资金可以直接投入到农业转移人口的市民化成本分担中，也可以以转移支付的形式划拨给地方政府，但都必须用于农业转移人口市民化成本的分担和公共服务的供给。地方财政更应该划出一定的资金专门用于满足本地区农业转移人口的市民化需求，以保障农业转移人口市民化成本分担有专门的资金来源。

2. 长效投入机制

农业转移人口市民化资金的长效投入是促进农业转移人口市民化的保障条件，我国在农业转移人口市民化分担机制的构建中，要注重发挥投入机制的作用，强化政府在预算投入上的主体地位，以公共服务均等化为绩效导向，测算一定时期农业转移人口市民化成本资金需求变化，确立预算投入资金数量，并根据农业转移人口可以享受的公共服务范围的不断扩大、转移人口市民化数量的不断变化，确定政府财政投入水平的合理增幅，并保持持续和稳定增长。

（二）激励机制

1. 人钱挂钩机制

由前面第六章第四部分的分析结果可知，中央政府一定量的奖励（或转移支付）可以激励地方政府等其他主体分担市民化成本的积极性，因此，我们可以探索建立财政转移支付同农业转移人口市民化挂钩机制，在现有中央和地方财政关系格局下，要考虑吸纳农业转移人口市民化带来的增支因素，探索按市民化人数来分配转移支付。目前，我国外出务工和经商的农业转移人口达到1.72亿，约占城镇常住人口的1/5，他们工作、生活的常住地和户籍地并不一致，这使得现有的财政支出预算与各地常住人口的现状不相吻合，农业转移人口市民化的目标就是要实现农业转移人口在常住地能够"有活干、有学上、有房住、有保障"，这需要为他们提供更多的公共服务，需要庞大的公共财政资金投入。而我国一直实行公共服务地方统筹，农业转移人口市民化无疑会加重

地方政府的财政负担。地方政府尤其是流入地政府为外来人口提供的教育、医疗、养老、住房等基本公共服务所需的公共财政资金主要来源于两部分，一部分是地方政府获得的税收，另一部分是中央政府给地方政府的转移支付。为了鼓励地方政府及其各城镇为农业转移人口提供基本公共服务，提高它们吸纳农业转移人口的积极性，中央政府应按各地市民化人数分配转移支付，即与地方政府吸纳农业转移人口落户人数挂钩，地方政府及其各城镇吸纳农业转移人口落户的人数越多，提供的基本公共服务越多，中央政府分配给它的转移支付就越多；地方政府及其各城镇吸纳的农业转移人口越少，提供的基本公共服务越少，给它分配的转移支付就越少；如果不吸纳，转移支付就不增长。同时，采用"增量调整，奖补并用"的方式，从中央对地方转移支付的增加额中，将一定比例转移于农业转移人口集中流入并市民化的地区，专项用于公共服务支出，并在此基础上对成绩突出的城市给予一定的奖励[36]。加大对吸纳农业转移人口市民化较多地区的财政补助和支持力度，以提高它们提供基本公共服务的能力。

2. 人地挂钩机制

对建设用地指标分配机制进行改革，建立城镇建设用地增加规模除了与经济总量和重大项目建设相关，还与吸纳农业转移人口落户数量挂钩机制。并根据各城市实现农业转移人口市民化的数量，给予建设用地指标倾斜，坚持以人定地、地随人走的原则，将一部分流出地政府收储的农民转让出的宅基地指标分给流入地政府，用于解决农业转移人口市民化过程中的住房、基础设施、公共服务设施的用地，实行城镇建设用地增加规模与吸纳农业转移人口市民化定居规模挂钩[154]。通过认真统计和准确测算可以得到每个城镇新落户人口的数量，再依据不同规模城镇人均占有土地面积来确定不同规模城镇的用地标准，根据农业转移人口所在城镇的落户人数和人均用地标准来合理确定该城镇新增建设用地规模，最后再通过土地利用总体规划和年度用地计划来落实，形成哪个城市吸纳的农业转移人口在当地落户的数量越多、承担的市民化成本越大，哪个城市就可以分配到更多的建设用地指标的正向激励机制[19]；哪个城镇要是不吸纳他们成为市民，也不给他们提供相应的基本公共服务，则给它的建设用地指标就不增长，以此来调动地方政府分担农业转移人口市民化成本的积极性。

3. 购房补贴机制

（1）房款补贴。在城镇务工经商的农业转移人口如果在城镇购买首套房，可以由当地财政部门发放一定金额的购房补贴，补贴可以按购房面积发放，比如每米^{2}补贴200～300元，需要规定最高限额，比如，最高限额2万元。也可以按房屋总价款的一定比率补贴，比如总价款的2％～3％等。还可以给予税费减免，比如，农业转移人口在城镇购买的首套房如果面积在90米^{2}以下可以给予100％契税减免，如果面积在90米^{2}以上或者购买商业用房用于创业可以给予50％税费减免等，在实施的时候，可以由房地产开发商代收，交给房屋产权产籍管理中心，然后由当地财政部门给予补贴。

（2）购房贷款利息补贴。可以设立政策性住房优惠贷款补贴，对在城镇有相对稳定工作和收入的农业转移人口，可以由商业银行向每户转移人口家庭一次性投放20万元优惠贷款，用于购买商品住房（一般的中小城市60米^{2}的住房20万～30万元），利率低于公积金贷款，然后由政府对商业银行低于市场行情部分的利息进行补贴，中央财政再对地方支付的这部分利息给予转移支付[10]。这种方式相对于建设公租房、廉租房而言，财政只需负担利息补贴，负担较轻。贷款人则可以免交或少交利息，负担也不重，在公积金的帮助下，完全可以完成还贷。

4. 创业可贷款贴息补贴机制

当地政府应该对农业转移人口提供创业贷款贴息补贴，鼓励他们在务工所在地开公司、办企业。比如，如果农业转移人口开设的公司注册资金在10万元以上，且以贷款的方式取得资金，贷款利息由政府补贴，通常补贴也有最高限额，比如说2万元。目的主要是鼓励农业转移人口以创业带动就业，变相承担市民化的就业成本。

如图7-2所示为农业转移人口市民化成本分担激励机制示意图。

（三）筹资机制

1. 债券筹资

接纳农业转移人口进城数量越多，地方政府需要提供的基本公共服务就越多，投入的资金就越大。在事权过大而财权过小的情况下，可以依法赋予地方政府适度举债的权限，通过发行城市建设债券筹集资金，探索举债融资办法，债券筹集资金主要用于城镇基础设施、住房和社会福利等方面。修订《中华人民共和国预算法》或专门制定"地方政府债券法"，明确规定地方政府债券发行的条件、规模、程序、资金使用、偿还方法、法律责任等，为地方政府发行

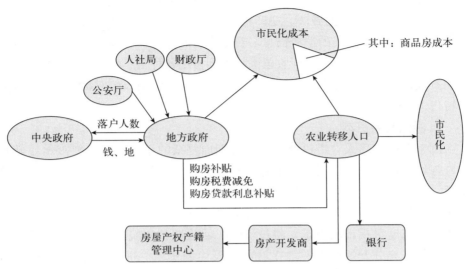

图 7-2　农业转移人口市民化成本分担激励机制

债券提供法律依据，同时实行国务院审批和备案、当地人大和上级政府双重监管的制度。健全地方政府债务管理和信息披露制度，推动地方政府财政状况透明化。将地方政府的债务活动纳入地方预算会计核算范围，定期在全国性的财经报纸、中国债券信息网和本省（市）财政厅（局）网站等公布地方政府的财务状况年报和季报[155]。设立地方政府偿债基金，保障债务偿付有相对稳定的资金来源。偿债基金主要来源于投资项目收益、债券发行的溢价收入、地方政府的自有资金及税收。偿债基金数额可以为发行债券本金的 10%～20%[156]。

2. 培育主体税种

中央财政的主体税种是增值税，地方财政的主体税种是营业税。在目前营业税改增值税的情况下，地方就失去了自己的主体税种。为了确保地方财政有稳定可靠的税源，应构建地方税收体系，培育地方主体税种，赋予地方自主税收管理权限。调整地方政府税收结构，促进生产型税收向消费型税收转变，逐步使财产税、消费税、遗产税、资源环境税成为地方的主体税种。财产税主要包括车船购置税和房地产税，车船购置税原来是中央的主体税种，现在可以划归地方，加快房地产税立法并适时推进改革，将其划入地方财力。消费税主要是指在商品零售环节征收的税种，也应该划归地方，消费的人群越大，消费税收就有可能越多，这有利于促进地方政府接纳农业转移人口转户进城，改变要"人手"不要"人口"的做法。遗产税也可以划归地方，因为地方政府和地税局更容易掌握本地居民的遗产信息，对遗产税的征收大有裨益。加快资源环境税改革，逐步将资源环境税征收范围扩展到占用各种自然生态空间，推动环境保护费改税。确保地方财政有稳定可靠的税源，增强地方政府接纳农业转移人口转户进城的能力。

3. 吸引社会资本

由于农业转移人口市民化是一项长期而复杂的系统工程，要求给予转移人口与城镇原居民均等的公共服务，这需要推进学校、医院、保障房、道路交通、水、电等设施扩容建设，需要投入大量的资金。虽然这些成本不需要一次性支付，但是负担依然比较沉重，单纯依靠政府投资显然是不现实的。因此，应高度重视市场力量，将投资大、回收期长的城市基础设施建设交给市场运作，充分发挥社会资本在城市建设中的作用。进一步放宽市场准入，推进民营企业在投资审批、土地、财税扶持方面与其他所有制企业的待遇公平化，吸引更多的社会资本通过 BOT、BOO、BTO 等方式参与城镇化建设，尽量通过市场的渠道为转户进城的农业转移人口提供更多的基本公共服务产品。

4. 提高国企红利上缴比例

国企资产属全民所有，国企红利也应该由全民共享，其公共性质决定了其为民谋利的本性。提高国企资本收益上缴公共财政比例，增加政府财政收入，促进社会保障和基本民生发展，还富于民和回馈社会。目前，我国国企红利上缴比例过低，最高为 20%，最低为 0%，与欧美国家国企红利上缴比例42%～65%相比，明显偏低。党的十八届三中全会《决定》中，将国企红利上缴比例的近期目标定为 30%，并将这部分资本收益用于民生支出，尤其向市民化公共服务支出倾斜，这是红利支出的必然选择，也是时代发展的客观要求。

5. 带财产落户

(1) 带承包地进城。 农业转移人口最不愿意割舍的是农村土地，最不愿意放弃的是土地带给他们的经济收益。土地是农民维持生计的最重要的财产，也是他们能够占有的最基本的生产资料，还是农业转移人口市民化过程中拥有的最大资本。农民享有的土地承包经营权、宅基地使用权和集体收益分配权是法律赋予他们的最基本的权利，任何人都无权剥夺。当他们想转户进城时，不应以放弃农村土地为代价来获得城镇户籍，这会减少他们的收入，削弱他们承担市民化成本的能力，抑制他们市民化的积极性，阻碍市民化进程。因此，既要鼓励农业转移人口迁出农村落户城镇，又不能让他们在财产上遭受损失。迁出农村定居城镇的新市民在带领全家进城的同时会面临就业、住房、子女入学等诸多问题，而自身工资水平又相对较低，再加上较短的参保年限和较少的个人账户积累，使得他们今后能享受到的保障水平低于城镇老市民，所以，继续保留他们在农村的土地是十分必要的。即"地随人走"，而不是"净身出村"，并可以继续享受与土地相关的权益，如良种补贴、农资综合补贴、种粮直补、征地补偿收益、退耕还林补助等[26]，也可以继续享受一些与农民身份相关的权益，也就是说农业转移人口在城市落户定居以后，不用放弃农村的土地承包经营权和宅基地使用权，而是在城市公共财政承受力、公共服务接纳力允许的前提下，通过流转承包土地使用权获得一笔资金，用于进城购房和生活，从而自愿有序地退出农村。

（2）**用农村宅基地和承包地置换城镇住房和养老保险。**那些在城镇已经有稳定住所和稳定收入来源的农业转移人口，可以用农村宅基地和住房置换一定面积的城镇住房，带宅基地入城；也可以退出宅基地，获得与原占地面积相符的"地票"，并在购买城镇商品住房时用地票抵房款中的土地出让金；还可以将"地票"转让给他人，或由土地储备中心收购，将其置换为城镇建设用地，这既可以实现城乡建设用地的统一管理，又可以改善农业转移人口的住房条件，最大限度地实现农业转移人口所持有资产的经济价值，彻底解决农民在城里买不起房的问题。

土地一直是农业转移人口心中的一个难以解开的结，由于农业生产率相对较低、农民的承包地收入较少，不能实现他们增收致富的愿望，所以他们离开土地进城打工；又因为在城镇就业的不稳定性和公共服务享受的不完全性，土地又具有了失业和养老保障的功能，因此，他们不愿放弃土地而在城镇全心全意地就业和发展，这既不利于土地资源的合理利用，也不利于农业转移人口在城镇安居落户[157]。所以，应允许那些过惯了城市生活，或有一定技能并就业稳定的农业转移人口，在没有交过养老保险或缴纳不足且想永久定居城镇的情况下，可以用承包地置换一定年限的养老保险缴费，这既可以间接地变现农村资产来承担自身市民化成本，又可以主动退出农村土地，促进土地的集约化经营。

（3）**持集体资产股进城。**农业转移人口凭借农村户籍除了可以享有农村宅基地和承包土地的经营权，还享有农村集体土地和集体资产的收益分配权，因此，对于农村公共公益设施用地、集体厂房、集体企业等农村集体资产，可以考虑采用股份制的方式把这些资产资源全部量化到每一个具有资格的集体经济组织成员，成立股份经济合作社，将"农民变股东，资产变股权"，实现从"共同共有"到"按份共有"的转变。合作社可以利用这些集体土地和资产参与除商品房之外的经营性开发并获得收益，农民可以持股进城并凭借股份分配收益，也可以同时成为完全意义上的市民，迁出户籍的股份持有者可以继续持有，也可以转让。将农民在农村占有和支配的各种资源转变为资产，并将这种资产变现为可交易、能抵押的资本，让农民带着资本进城，从而跨越迁移和在城镇定居的市民化成本门槛。

如图7-3所示为农业转移人口市民化成本分担筹资机制示意图。

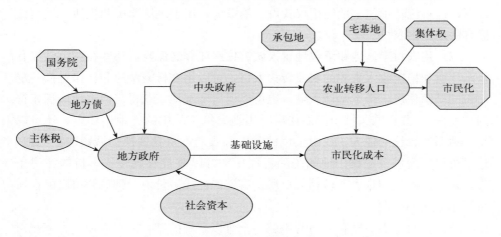

图7-3　农业转移人口市民化成本分担筹资机制

（四）补偿机制

1. 钱随人走机制

（1）养老保险统筹账户资金随农业转移人口流动而转移。城镇职工基本养老保险由个人账户和统筹账户构成，其中个人缴费的8％计入个人账户，企业缴费的20％和当地政府的财政补贴计入统筹账户，企业员工退休时，由统筹和个人账户共同积累的资金来支付养老金。农业转移人口流动性高，他们无论在流出地还是在流入地工作，都为当地的经济发展和税收收入作出了巨大贡献，企业为他们缴纳养老保险，以及当地政府对他们养老保险的补贴都是基于他们的工作和贡献。当他们从流出地进入流入地以后，个人账户全额转出的同时，统筹账户也应该一并全额转出，这是他们参加养老保险权益的保障，也是他们为当地经济发展所作贡献的回报，还是农业转移人口养老保险转移接续和可持续发展的需要，更是减轻流入地分担市民化成本负担，促使其积极接纳农业转移人口的需要。

(2) 中央政府划拨的教育经费随学生流动全部转移。子女随同身为农业转移人口的父母进入流入地接受教育，携带的"两免一补"和生均公用经费资金很少，去除支付给个人的"一补"，只有区区的 1 200 元。1 200 元对于农业转移人口主要流入地的东部沿海地区的教育经费来说简直是杯水车薪，对缓解流入地省市接纳随迁子女的教育财政压力作用非常有限。因此随迁子女在流动的过程中不仅应携带"两免一补"和生均公用经费，还应将全部教育经费中的中央政府划拨部分随同学生全部转移，以减轻流入地政府接纳随迁子女的财政压力，保障随迁子女平等的受教育权利。

(3) 中央政府拨付的就业培训费随农业转移人口流动而转移。中央财政对农业转移人口就业技能培训的投入，可以随同农业转移人口的流动而转移到流入地，通过发放全国通用的"农民工职业教育券"的方式，将培训经费物化到教育券上。教育券采用实名制发放，并且按人头等额发放，持有者可以凭券自主选择教育消费地点与内容，但不允许转让或买卖，这样既可以消除教育资助的户籍壁垒，解决农业转移人口就业地和培训地不统一的问题，又能在花费最少财政资金的情况下，增强农业转移人口的就业能力，增强培训效果[138]。

2. 垫付补偿机制

为保障农业转移人口异地就医直接结算，提高参保地和就医地医保基金风险共担能力，应建立完善的资金补偿机制。一是构建异地结算专项基金。成立省级医保基金管理机构，并根据本省各地区经济发展情况及医保基金的收支盈余情况分别向地级市预先提留部分医保基金，构建异地结算专项基金，统筹使用，统一管理。根据本省农业转移人口的流向和流量，即省内流动还是省外流动，流向哪个省、哪个城市及流动人口数的多少，从医保基金中划出相应资金，直接预付给流入城市的定点医疗机构，以此减轻就医地医疗机构垫资压力。二是构建垫付款硬性回拨制度。没有构建异地结算专项基金的省（市），需要与就医地医疗机构沟通协商，制订规范的垫付款汇款时限、付费方式和结算办法等，以此保证资金补偿及时到位。

如图 7-4 所示为农业转移人口市民化成本分担补偿机制示意图。

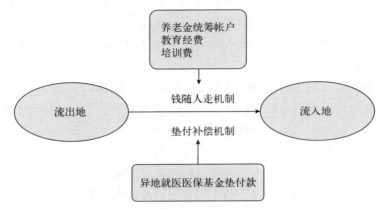

图 7-4 农业转移人口市民化成本分担补偿机制

（五）监管机制

1. 监管企业社保缴费

加强对企业用工的监管，监督企业用工必须签订劳务合同，尤其在雇佣农业转移人口时更应如此。严格规范用工单位工资支付行为，重点监控农业转移人口集中企业的工资发放情况，坚决杜绝企业拖欠农业转移人口工资的现象，确保工资按期足额发放，杜绝企业不为农业转移人口缴纳社保费用的现象。对企业是否给所雇佣员工缴纳社会保险进行监督，对企业不执行或不认真执行国家法律法规、少报或不报应该缴纳社会保险的农业转移人口的人数、不给农业转移人口上保险或少上保险、不跟农业转移人口签订合同或拖欠工资等行为进行严厉处罚。如果同一个企业多次出现这样的情况，就要加倍处罚，情节严重的，可依法责令停业整顿，或吊销营业执照，并追究相关人员的责任，以提高企业违法成本，使之不敢损害员工利益，确保农业转移人口的工资和社保费用能按时足额支付。对用工企业实行工资和社保信用管理，并与银行信用系统联网管控，要求工资和社保信用不好的企业必须在银行预存工资保证金，实行专户管理，并在贷款等业务方面进行限制。

2. 监管地方政府公共服务专项转移支付资金的使用

专项转移支付又称为专项拨款，是上级政府为实现特定的政策目标而补助给下级政府的专项支出，下级政府必须按照上级政府规定的用途使用资金。所以，专项转移支付又是附加条件的政府间财政拨款，拨款者已经限定了这笔资金的使用用途，拨款接受者只能遵守。按照专项转移支付的使用用途可以划分为很多种，其中的教育支出、就业与社会保障支出、医疗卫生与计划生育支出、住房保障支出等公共服务方面的专项转移支出会影响农业转移人口基本公共服务的提供和农业转移人口市民化能力的提高，所以，在实际使用的过程中，要对已经划拨到地方政府的这笔专项资金的使用进行监督，主要监督其使用用途和使用金额，使地方政府能够按照专门的管理办法进行使用，做到专款专用，防止资金被挤占和挪作他用。对资金使用进行有效约束和效益评估，可使分配办法更加合理和完善，提高资金使用效率，保证资金发挥最大的效用，为包括农业转移人口在内的当地常住居民提供更多的基本公共服务，促使地方政府有更多的财力来承担市民化成本，实现中央政府促进人的城镇化的目标。

3. 将农业转移人口市民化纳入各级政府的绩效考核

每一个农业转移人口的流入为当地经济发展创造的财富都多于城镇对他们的公共财政支出。所以他们并不是当地政府的财政负担，而是很好的人力资本。应该把使多少农业转移人口市民化和为本地区常住人口提供了多少公共服务作为各级政府绩效考核的一部分，并量化为各个指标，进行定期考核，将原来单纯追求经济增长转变为经济和民生考核并重。对农业转移人口市民化解决得好的地方或城镇政府给予一定的奖励；对尽自己最大所能来解决农业转移人口市民化，但受制于本地政府财力而没有解决得很好的地方和城镇政府，中央应给予一定的扶持和帮助；对那些不愿意承担市民化成本，不为农业转移人口提供平等福利待遇及不吸纳农业转移人口转户进城的地方和城镇政府，实施一定的惩罚，在资金和土地使用方面进行一定的限制。对努力提高包括农业转移人口在内的本地常住居民的基本公共服务水平，注重民生福祉的地方或城镇执政者给予一定的奖励和升迁机会；对不积极解决农业转移人口市民化问题，或者干脆就不作为的执政者不予升迁，扣发一部分绩效工资或者降职使用，以此来促使他们关注农业转移人口，关注民生。要把农业转移人口市民化作为政府必须完成的一项工作，通过对市民化成本进行合理的分担，让农业转移人口可以享受到完整的公共服务和社会权利，成为真正的市民。

如图 7-5 所示为农业转移人口市民化成本分担监管机制示意图。

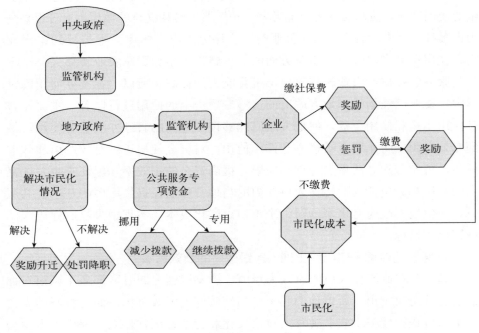

图 7-5 农业转移人口市民化成本分担监管机制

本 章 小 结

本章通过对农业转移人口市民化成本分担机制的优化来实现两个目标：一是解决农业转移人口市民化成本的分担问题，二是解决农业转移人口市民化成本如何分担得更好的问题。指出农业转移人口市民化成本分担机制的优化应遵循的一般原则和具体原则，一般原则包括系统性原则、科学性原则、可操作性原则和动态原则；具体原则包括谁受益谁承担的原则、财权与事权相匹配的原则、政府为主和多元参与的原则。本章还设计了农业转移人口市民化成本分担机制的总体框架，以便了解整个分担机制的概况。同时对政府、企业和农业转移人口原有的分担责任进行优化，通过对农业转移人口市民化成本分担机制的内容进行优化，包括对投入机制、激励机制以及筹资机制、补偿机制、监管机制进行优化，改进原有分担机制中不合理的部分，促进分担机制更加完善，以发挥最大的效果。

第八章 农业转移人口市民化成本分担优化机制运行的保障措施

一、协调明确各主体的关系

（一）加强中央政府的引导功能

加强中央政府在农业转移人口市民化成本分担中的引导和扶持作用，为市民化提供国家层面的资金支持和制度保障。由于市民化涉及上亿农业转移人口的社会福利享受和公共服务的供给，具有很强的外部性，为了保证农业转移人口的公共服务享受，政府作为公共服务最大的提供者和保障者，应保护人们的各项社会权利和经济权利，最终实现经济发展和社会融合的统一。为此，中央政府需要简政放权，建立宏观的政策环境，有步骤地破除各种农业转移人口市民化融入城镇、享受同等待遇的制度性障碍，为农业转移人口市民化提供政策支持、法律支持和制度保障。

（二）调动其他主体的主观参与能动性

中央政府在增加自身投入分担农业转移人口市民化成本的同时，还要从其他各个主体的利益出发，协调与各主体的利益关系，兼顾公平与效率，争取实现投入的多向互动，突出利益取向的参与特点，激发其他主体对农业转移人口市民化成本分担的积极性。地方政府、企业和农业转移人口个人作为农业转移人口市民化成本分担的主要和直接的参与者，是促进农业转移人口市民化的决定因素。同时，他们也都是理性人，会从自身利益出发，尽可能实现利益的最大化，可是农业转移人口市民化成本分担恰恰是支出很大、回报很少、经济效益不明显的事情，这使地方政府、企业缺乏参与分担的积极性。因此，要增强各主体的主动参与能动性，实现农业转移人口市民化的既定目标，实现公共服务均等化和社会的和谐与稳定。

具体而言，中央政府首先加大自身对市民化成本分担的投入，发挥引领和表率作用，同时还要建立相应的激励机制来激发其他主体的分担积极性。中央政府投入的增减调整与城镇化推进速度与质量挂钩，通过转移支付重点支持跨省农业转移人口集中流入地区和中西部落后地区，采用"奖补结合"的方式，对那些流入人口增长快、财政压力大的地区给予补助，对农业转移人口市民化工作成效突出的地区给予奖励，对外部性较强、支出压力较大、跨省农业转移人口在城市定居意义较大的领域进行补助，对农业转移人口向城市居民转换所必须付出的社会保障成本、随迁子女义务教育成本承担主要责任。地方政府（流入地政府）作为最大的受益者，应成为市民化成本的主要分担者。一直以来，农业转移人口为流入地的经济发展作出了巨大贡献，促进了当地政府财政收入的增加，当地政府（包括省、市、县政府）就应该为他们提供基本的公共服务，这是政府的职责所在，是对农业转移人口公共服务和社会保障方面历史欠账的弥补。再加上流入地多为沿海地区或内陆地级以上城市，这些地区的经济普遍比较发达，完全有能力承担市民化的部分成本，并与中央政府共同承担为市民化人口提供均等化的基本公共服务的成本，包括保障性住房、就业扶持、子女义务教育及社会保障方面的支出，对养老保险、医疗保险和失业保险等基金账户进行补贴，减轻参保人员的负担，促进农业转移人口积极参保。鼓励企业与政府共同承担市民化成本，减轻农业转移人口自身在市民化转型过程中面临的成本压力，促进农业转移人口在城镇长期安居和稳定就业，使其逐渐转为城镇居民并转换为产业工人，为企业提供充足的劳动力，这不仅是企业自身发展的需要，也是促进城镇劳动力市场开发和人力资源配置机制形成的需要。为农业转移人口提供基本公共服务，使他们都能分享经济发展成果，获得经济发展带来的好处——无论是在自身收入、发展机会方面还是在开阔眼界方面。让他们在城镇有自己的生活和工作空间，使他们自觉自愿地承担自身市民化成本，在承担生活成本以外，还想在城镇买房定居，并承担应该缴纳的社会保险费用，同时还积极参加职业教育和技能培训，提高自身综合素质，并不断提升就业能力和城市社会融入能力，成为真正的市民。

二、健全法律法规

（一）市民化成本分担责任法制化

健全相关法律法规，明确各主体在农业转移人口市民化成本分担中的主体责任，尤其是中央政府和地方政府的分担责任。近几年，我国明确了以流入地为主的供给责任，但由于农业转移人口相对于户籍人口，工作不稳定、流动性强，造成农业转移人口公共服务的提供具有不连续性。再加上中央政府在推进农业转移人口市民化的过程中，不仅要考虑各项成本应该归谁承担，还要考虑各个主体有没有能力承担，所以，中央政府虽然也大致规定了主体分担责任，但考虑到地方政府的财政能力，往往会让各级政府量力而为。导致各主体之间博弈推诿，农业转移人口的很多权益无法享受。因此应该制定一部专门的法律法规，明确农业转移人口市民化成本分担的主体责任，以及违规的法律责任，保障农业转移人口的各项权益，促使他们尽快实现市民化转型。

（二）修改土地承包法

我国《农村土地承包法》第二十六条明确规定"承包期内，承包方全家迁入小城镇落户的，应当按照承包方的意愿，保留其土地承包经营权或者允许其依法进行土地承包经营权流转。""承包期内，承包方如果迁入设区的市，转为非农业户口的，应当将承包的耕地和草地交回发包方。承包方不交回的，发包方可以收回承包的耕地和草地。"随着我国农业转移人口大量进城务工经商，他们在城镇中务工时间越来越长，工作稳定性上升，因此，推动农业转移人口市民化是大势所趋。农业转移人口割舍不下农村的土地、房屋和集体财产权收益，这些都可以看作是农业转移人口的财产权，一方面，这些财产可以给农业转移人口带来切实的收益，他们既可以经营土地，也可以把承包地流转出去；另一方面，城镇中较高的房价、文化差异、不完全的福利享受、较快的生活节奏、较大的生存压力又使他们转型为市民化的脚步放慢，不知道自己是否能够融入城市生活，在真正转变为城里人之前，土地作为一个必不可少的生存保障，是他们所不愿失去的。目前我国农业转移人口市民化的同时可以带地进城，但这与我国《农村土地承包法》中的相关规定相违背，而这些措施又是当前我国经济发展和结构转型的必然要求，所以我国的《农村土地承包法》已经不适应当前的发展形势了，需要加以修改，为农业转移人口转型提供法律保障。

（三）制定户籍法

目前我国对公民的户籍管理是依照《户口登记条例》进行的。随着户籍改革的不断深入，需要制定户籍法，来为户籍改革提供法律依据。通过这部法律，明确对公民的人口登记管理职能和属地化管理模式，让户口只具有标示居住地的意义。取消与户籍制度相关的福利分配制度，剥离附着在户籍之上的社保、住房、教育、就业等社会福利，使这些公共服务和户籍脱钩，同时对公民的户籍迁入和迁出做更详尽的规定，以促进农业转移人口在城里更好地定居落户[158]。

三、推进财税体制改革

（一）上移事权

通过政府间事权划分，适当增加中央政府的支出责任，上收部分事权，降低地方政府在农业转移人口公共服务方面的财政支出压力。农业转移人口基本公共服务涉及的事权主要包括就业、子女教育、住房保障、养老保险和医疗保险等方面；那些涉及国家整体利益、全局利益的事务仍然由中央政府负责，比如国防、外交等；那些外部性较强的事务不适合由地方负责，要上移到中央，比如农业转移人口子女义务教育、就业培训、养老保险、医疗保险等，它们具有较强的外溢性，其效用随着人口的流动而发散至全国，这类事务划归中央政府[159]。在事权上移的过程中，有些事权需要"事""物""人"一并上移；有些事权虽然从外部性角度应该划归中央，但在实施的过程中需要掌握大量的信息进和进行严格的管理，由地方政府负责更为有利，像这样的事权则可以由中央出资，地方实施[160]。那些涉及地方局部利益的事务归地方政府负责，比如城镇基础设施建设、住房保障，这些公共服务的受益范围只涉及本地区，应该由地方政府负责。各级政府的事权责任还应该由相应的法律加以明确，使事权比例和责任明晰，也确保事权责任能够真正被很好地承担。

（二）下移财权

随着经济的发展，地方政府的地位越来越重要，承担的职能也越来越多，地方政府在承担更多公共服务职责的同时，依据权责对等的原则，必须获得与责任相对应的财权。地方政府需要参与更多公共服务的供给，就需要更多财政开支，这就要求国家财权从中央政府向地方政府下移。按照财权与事权相匹配、财权服从事权的原则，在财力分配上，中央政府应适度向地方政府和基层政府倾斜，完善现行的地方财税体系，调整中央与地方税收分成关系，增加共享税中地方税收的留用比例，使地方财政能在涵养财源的基础上休养生息，稳定地方财源，增加地方政府的财力[153]。调整转移支付结构，减少专项转移支付的规模，增加一般性转移支付的数量，降低地方配套比例。中央政府应在加大对省级政府转移支付的同时，加大对县级政府的一般性转移支付力度，保障县一级基层政府的财权和事权相对应，提高县级财政对农业转移人口基本公共服务供给的财力保障。提高转移支付资金使用的灵活性，使地方政府可以根据自身需要安排公共支出，还可以将中央对地方的专项补贴、税收返还等直接划入本级地方财政收入。赋予地方政府税收立法权，允许地方政府开辟地方税源，使地方政府具有相对独立的财权，成为相对独立的预算主体和理财主体，增加聚财能力，真正担当起政府财政的职能，为包括农业转移人口在内的本地居民提供基本公共服务提供资金保障。

四、建立和完善各种保障制度

(一) 就业制度

1. 建立全国统一的就业登记制度

由前面的分析可知，降低地方政府的监管成本有利于地方政府加强监管，提高监管效果。目前，政府对企业雇用了多少工人（包括农业转移人口），有多少员工需要缴纳社会保险费没有精确的统计。在实际缴费时，很多地区往往由代缴机构根据企业的产值估计雇员人数，估计缴费额，这既不利于农业转移人口对自身社会保险费的缴纳，也不利于企业对农业转移人口社会保险成本的分担。所以，为了使监管机构能够掌握更多企业雇工的信息，降低监管成本，应实行全员（包括农业转移人口）就业登记制度，当他们在某一家企业就业或被雇主雇用后，都必须到指定部门进行登记，而且是强制登记，并由相关机构进行监督检查，一旦发现没有登记，就对企业和雇员个人进行罚款。这里的指定部门既可以是国家专门设立的机构，也可以是委托的各个社区。然后将登记数据汇总到相关部门，使相关部门随时掌握本地各个企业的用工情况，并依据用工人数收取社保费用，将所有的就业者都纳入社会保障体系。

2. 建立就业工资月结制度

据统计，外出务工的农业转移人口中，接近 1/5 比例的人在建筑业工作，而建筑业又是一个特殊的行业，这一行业的农业转移人口流动性大，进出场频繁，他们主要由施工单位项目部负责，通过劳务公司管理，根据每天记录的农业转移人口的日常出勤情况，核算他们的工时和工资。通常建筑企业平时只负责工人的吃住，不向工人发放工资，而是等到年底或者建筑项目竣工时一次性结清工人全年或全部的工资。但这也出现了一个问题，就是建筑企业如果能够收回工程款获得盈利，往往会足额向工人支付工资；如果建筑企业没有收回工程款，就有可能出现拖欠工人工资的情况。所以对于这一特殊行业，建议我国在全面实行农业转移人口实名制管理的基础上，推行银行代发工资、工资月清月结制度，尽量减少工资发放的中间环节，避免企业拖欠工资的情况，保证农业转移人口的劳务收益。

3. 建立异地就业培训制度

农业转移人口要想在城市就业、立足并转为城市居民，必须要有良好的就业技能。可是很多地区在提供就业培训服务时往往以户籍地人口作为提供对象，不愿意为那些外来农业转移人口提供免费就业培训，担心由于转移人口的频繁流动造成本地培训资金资源的流失。实际上那些在流入地工作的农业转移人口接受培训，提高技能以后，仍然在为流入地的经济发展作出积极贡献，流入地的经济增长有很大一部分是由他们创造的。因此，对于在就业地居住或工作一定时间以上的农业转移人口，都应该允许其享受当地 1 次以上由政府提供补贴的免费实用技能就业培训，使他们学到技能、领到证书，获得一技之长，转变成技术工人。通过增加农业转移人口人力资本投资，提高其就业能力，更有利于农业转移人口找到工作、增加收入[161]。建立异地就业培训制度，激励农业转移人口作出市民化决策，并能够更好地为所在地工作和提供服务，从而创造出更多财富来承担农业转移人口市民化过程中的巨额成本，减弱各流入地城市在农业转移人口落户城镇过程中的利益排斥冲动[162]，也能够为产业结构转型升级提供人力资源保障，这既符合谁受益谁承担的原则，也为农业转移人口边工作边参加培训提供了便利[163]。

（二）社保制度

1. 建立城乡统一的养老保险制度并实现全国统筹

尽快改变我国社会保险制度和政策的碎片化状况，加快建立城乡统一的社会保险制度。以养老保险为例，改变现有城乡两种不同的养老保险制度，推进城镇职工基本养老保险和城乡居民养老保险并轨，建立城乡统一的养老保险制度，以消除参保者在两大制度间转换的障碍。在统一制度下，可以将养老保险缴费标准设立为多个档次，城乡不同群体根据个人意愿和经济能力选择不同档次参保，不同社会群体的养老保障水平也可以有差距。社会保险中的基本养老保险基金已基本实现省级统筹，其他四项社会保险基金的统筹层次还处于县、市一级，而且不同地区之间的社会保险标准也有所差异[164]，社保基金的这种碎片化管理增加了社保基金的管理成本。通常社会保障的统筹层次越高，社保基金的社会共济功能越强，抗风险能力也越强。尤其养老保险和医疗保险伴随人的一生，政府应该在法律中给予方向性的规定，以立法推动现实，在实现省、市、县统筹的基础上逐步提高统筹层次，实现全国统筹，以便在全国范围内统一制度规定、统一信息系统、统一调度使用资金、统一经办管理，确保农业转移人口的养老保险权益不在流动中受损，消除参保者在城职保制度不同统筹区间转移的障碍，实现养老保险制度的公平性与有效性，为农业转移人口异地转移接续创造条件，并从根本上解决社会保障转移接续过程中遇到的各种问题[165]。农业转移人口流动性大，很多还是跨省区流动，他们的养老保险关系也会伴随他们的流动而同时转移，这时不仅应该允许社保基金的个人账户部分转移，也应该允许统筹账户部分全额转移，因为尽管社会保险统筹账户基金是由流出地企业和政府的缴费和补贴构成的，但作为农业转移人口在流出地务工期间劳动贡献的回报，农业转移人口应该享有这部分统筹基金，并可以随他们的流动而转移。因此应建立全国性的社会保险信息系统，实现各省之间的联网和信息共享，所有缴费和补贴都记录到每个人的社会保险账户中，且费随人走，不分户籍，全民普惠享受。推行社会保障卡制度，社会保障卡可以在全国范围内使用并具有全国结算功能，实行社会保险信息查询、缴费、领取业务全国联网，任何人在任何地方都可以凭借社会保障卡享受各种社会保险待遇，实现全国社会保障一卡通服务，以此降低农业转移人口在流动过程中所发生的社会保险转移成本。在降低社会保险缴费率，促进人口自由流动的同时，还要提高农业转移人口的参保水平，保障他们基本的社会权益[166]。

2. 建立医疗保险异地结算制度

建立便于农业转移人口流动就业的全国联网的异地就诊即时结算制度。这样既免去农业转移人口往返就医的麻烦，又能使农业转移人口可以医保异地结算，不用垫付医药费。在就业地到更好的医院就医，享受更好的医疗条件和更高质量的医保待遇，也可以使农业转移人口感觉到无论他们身在何处，都能享受到医疗保险给他们带来的好处，感觉到加入医疗保险是有用的，从而增强参加医保的积极性，以分担更多的医疗保险成本。

3. 建立住房公积金异地提取和互贷制度

建立统一的信息管理平台，使各地区的公积金管理中心能够信息共享。农业转移人口的流动性强，当他们从某一地区转移到另一地区时，他们可以根据自己的意愿，既可以在离职之前将缴纳的公积金一次性取出，也可以办理转移接续手续。对那些短期回家务农的农业转移人口，可以保留其公积金账户，等其再回城务工时，直接续用上次的公积金账户。放开住房公积金的异地提取和互贷，满足农业转移人口既要流动就业，又要买房的需求，即在经济发达地区就业并缴纳公积金，在房价相对较低的三四线城市或县城贷款买房[167]。同时扩大住房公积金的使用范围，将租房纳入公积金的使用范围，这会促使一部分在城市没有买房意愿或者没有能力买房但需要租房的农业转移人口参加公积金，使住房公积金制度能够满足农业转移人口的用资需求。

（三）教育制度

1. 降低异地入学和升学的准入标准

很多地区在异地入学和升学方面仍然与户籍、学籍及监护人的就业、居住和社保等条件挂钩，导致很多农业转移人口随迁子女无法满足当地入学和升学条件，无法跟随他们的父母进入城市接受教育，被迫成为留守儿童。为了扭转这种状况，应改变以父母的就业年限和缴纳社保年限等非智力因素决定随迁子女入学和升学标准的现状，降低随迁子女入学和升学的条件，以父母在当地的居住年限作为随迁子女公办学校入学条件，以居住证为依据；将"在当地居住年限＋在当地连续受教育年限"作为随迁子女升学的衡量标准，以随迁子女在当地学校的学籍为依据，使随迁子女能够与户籍学生同等接受教育，从而促进农业转移人口携子女入城。

2. 按学籍学生人数划拨义务教育经费

改变当前义务教育经费负担机制，加强对随迁子女义务教育转移支付。各地区的市县教育部门要严格学籍管理，确保教育事业年报中义务教育学生数与学生学籍管理系统中的数据一致，财政、教育部门按照上年末流入地实际在籍学生人数划拨教育经费，以70％比例预拨，按当年10月底实际在籍学生数进行清算。学生学籍有变化的学校，要及时办理学籍转入转出手续，确保教育经费与学生人数相匹配。

3. 统一中小学教材

如果农业转移人口随迁子女不能在流入地城市顺利入学和升学，他们就只能回老家接受教育和升学，各地使用的教材版本不同，各省高考又是自主命题，导致这些在城里已经接受了一段时间的教育又回流到户籍地的学生不能适应老家的教材和考试，影响了他们的教育和升学，为了方便这些学生的转学和升学，应统一中小学教材[131]。

（四）土地制度

1. 推进宅基地确权登记颁证和有偿退出制度

农业转移人口在农村拥有的宅基地和地上的房产，是他们非常重要的资产。如何使这些"沉睡的资产"流动起来，重新配置和变现，让农民享有更多财产来承担他们在城镇中的市民化成本，是转移人口和政府都非常关心的问题，尤其是现在农业转移人口可以带地落户，就更突显了这一问题。宅基地是农民赖以生存的根本，宅基地确权颁证可以盘活农地资源，激活要素潜能，提高宅基地利用率，保护农民合法权利并增加农民收入。新型工业化、新型城镇化的推进，必然会导致宅基地利益关系的调整，宅基地确权应在不改变农业用地使用方向的前提下，保障农民的财产权益。宅基地确权，明确了农民是宅基地的物权权利人，也就明确了农民的财产权利，为进城落户提供了基本的资金保障。所以农村宅基地确权登记，是维护农业转移人口宅基地使用权和收益分配权的前提条件。农村宅基地一经确权，农民就会获得与城市居民同等"含金量"的房地产证书，这是宅基地的"身份证"，这相当于从法律层面维护农民合法的财产权利。农业转移人口的房屋进行转让和交易时，怎样保证交易双方都有一个明晰的权能界定？这需要通过确权登记获得一个权属证书来实现。确权是为了明确合法的财产权利，这份权利在任何时候是受保护的，任何人或单位不可以随意侵占农民的土地和房产，这份权利也是随时可以行使的，只要在法律允许的范围内，就可以享有对宅基地和地上房屋的占有、使用和收益的权能，这为增加农民财产性收入提供了基本保障，也是农业转移人口带资进城的前提条件[168]。

至于那些在城镇中已经落户定居的农业转移人口，他们在农村闲置的宅基地和附着在地上的住房可以卖给本集体的其他成员，也可以退还给集体组织，这是在自愿前提下的有偿退出，由村集体出资进行购买。经济比较发达的地区，人均耕地少，可以不再进行宅基地的分配，而是用购回的宅基地集中建设农民住宅，并落实一户一宅。对于那些自愿退出宅基地且不再申请宅基地的农业转移人口，可给予一次性经济补偿。

2. 完善农村集体经营性建设用地入市流转制度

城镇化的发展使得一些城市在扩张的过程中，会逐步把周边的农村并入到城市中来，这就会占用农村的集体经营性建设用地。在符合规划和用途管制的前提下，农民和村集体组织可以将农村工厂和企业占用的集体经营性建设用地以租赁、入股或出让的方式流转，实现集体经营性建设用地的增值。农民也可以凭借在集体组织中的身份获得增值收益，这在一定程度上降低了政府从卖地直接获得的收入，增加了集体组织和个人的收益。当这些农业人口进入城镇，他们就可以携自己所有的那份集体资产进城，承担在城镇里的各种成本。

五、加强信息化建设

（一）建立全国统一的人口信息数据库

建立全国统一，真实可靠的人口信息数据库和共享平台。该数据库又可以按照户籍和是否流动情况分为城镇户籍人口数据库、农村户籍人口数据库，以及城镇户籍流动人口数据库、农业转移人口数据库等子数据库。对数据库中的所有人进行实名登记和信息采集，每一个数据库中的人口信息都包括他们的年龄、性别、职业、住所、户籍地、工作地、受教育程度、培训状况、专业技能、收入水平、参保情况、婚姻及家庭状况等信息。应发挥数据库的识别作用，识别出农业转移人口的实际去向，动态掌握全国各地区农业转移人口的流向和规模，实时监测输出地的输出规模和输入地的输入规模。各地方政府也可以根据该系统了解本地区农业转移人口的流入和流出，以及他们正常的劳动合同和工资待遇情况，便于为他们办理社会保险费的缴纳、转移和接续。

（二）建立全国统一的就业和用工信息共享平台

建立全国统一、真实可靠的就业和用工信息共享平台，开发统一的管理软件，将各地区的用工信息共享平台对接联网，使各地区的用工信息平台互联互通，形成全国统一的信息发布和共享平台，实现各自发布、多方查寻和信息共享。使所有需要找工作的农业转移人口可以将自己的个人信息和求职要求发布到平台上，包括他们的年龄、性别、受教育程度、职业技能、居住地、户籍地、接受培训情况、参保情况、婚姻家庭状况、联系方式等信息，还包括他们对工作性质、工作所在地、工资收入、参保的要求。所有需要招工的企业也可以将企业的自身信息和用工要求发布到平台上，包括企业名称、企业所在地、法人代表、注册资本、经营资质、经营范围、员工人数、联系方式、企业网址，企业想招聘人员的年龄、技能、性别、居住地，能够给予的工资水平、是否给交纳社会保险、是否异地招工、如果不是本地人员是否提供住宿等信息。各级地方政府也可以在平台上发布权威的就业信息，解决求职和用工双方信息不对称、不完整的问题，实现信息的公开和共享，让那些需要招聘员工的企业有更多的选择，那些需要找工作的农业转移人口可以通过共享平台获得就业信息，并尽快找到满意的工作，降低工作搜寻成本，提高求职成功率，并获得满足自身生活和居住需要的工资收入。

（三）建立全国统一的学生电子学籍信息管理系统

整合卫生、计生、公安、教育等政府各相关部门的信息源，建立全国联网的学生电子学籍信息管理系统，将所有在校学生的相关信息全部录入系统。建立学生电子学籍档案，以学生个人的身份证号作为学籍号来统一管理。构建"互联网＋随迁子女"大数据管理平台，运用信息网络技术来优化学生的档案和学籍管理，保证流动儿童的教育信息能够被及时发送到所转入的学校，使流入学校能够迅速了解转入学生的基本情况，并进行有针对性的教育和服务[169]。同时各省（市）也可以凭借这个系统随时掌握本地流动人口随迁子女的转入、转出及失学情况，根据随迁子女流动情况实行动态精准学籍管理。方便当地政府根据所在地随迁子女的数量统筹安排预算资金，解决他们的校舍和教学设施建设资金，安排生均公用经费投入，使本地学校能够容纳这些流入学生，以保障随迁子女的正常入学，接受与城里孩子同等的受教育机会。同时还要制定相应的政策法规，简化入学手续，使随迁子女尽快重新入学，减少因频繁流动而耽误课程，增加受教育成本，或者干脆失学的现象[170]。

（四）继续推进房地产信息系统全国联网

推进房地产信息系统全国联网，使得可以通过信息平台了解每个人拥有的房产情况，房子在哪里、面积有多大、共有几套房产，为房产税的征收提供基础信息。同时，对于申请贷款的农业转移人口，银行可以通过平台了解其购买的房子是否是首套房产，如果是首套房产可以给予购房补贴，也可以给予银行贷款利息补贴，帮助其在城镇购房，这也是其在城镇落户和市民化的基础。

六、完善落户政策

(一) 建立以经常居住地登记户口政策

从人户统一的角度出发，以经常居住地作为优先落户的城市，依据农业转移人口的工作和实际居住地，把"经常居住地"作为落户的一个重要评判标准，也就是人在哪个城市工作、居住，户口就会落在哪个城市，从而保障农业转移人口的就业地、居住地和户籍三者统一。

(二) 建立以降低农业转移人口落户门槛为导向的积分落户政策

放宽城镇的落户条件。对于小城镇，只要是有稳定住所的农业转移人口及其随迁子女和家属，都可以申请登记常住户口。对于中等城市，如果该城市的综合承载压力较小，则也可以全面放开落户限制；如果该城市的综合承载压力较大，则除需要有稳定住所外，还需要交纳一定年限的社会保险。城市的大小不同、承载压力不同，要求的社保缴费年限也不同，较大城镇可以要求缴费年限多一些，比如3~5年；较小的城市或者城镇，可以要求少一些，比如6个月~1年等。而一些城市承载压力较大的大城市，对于农业转移人口申请落户，需要对住所、缴费年限、就业范围等作出严格规定。很多城市采用了积分落户制度，根据学历、年龄、社保缴费等各方面的条件积分，达到规定的分值才可以申请落户。在实施积分落户时，很多大城市对农业转移人口落户的限制条件较多，比如要求购房落户、积分落户、符合一定人才标准给予落户，等等。针对这种情况，应精简积分项目，降低学历和购房分值，提高社保缴纳年限和居住年限的分值，实施以降低农业转移人口落户门槛为导向的积分落户政策，大幅增加农业转移人口落户规模[171-172]。

(三) 建立都市圈内城市户籍准入年限同城化累积互认政策

农业转移人口在申请积分落户时，他在一个城市工作和生活的居留年数、缴纳社保的年限都可以在同一个都市圈的其他任何城市累积互认。比如，农业转移人口在南京就业缴纳一年社保，一年积分算3分，之后又到苏州工作，在申请积分落户时，他在南京的这3分也被认可并计入他的总积分。这种户籍准入年限的同城化累积互认可以消除城市之间的制度壁垒，推动区域内各个城市落户政策趋于一体化，满足农业转移人口的落户要求。但同时，它对地方政府的财政能力和管理能力提出了更高的要求。

（四）鼓励农业转移人口在大城市就业并在周边中小城市买房落户

农业转移人口如果在本地中小城市落户，中小城市房价和物价都较低，因此所需支出的住房成本和生活成本也较低。但是，中小城市经济不发达，提供的非农就业岗位少，致使农业转移人口就业机会少、收入低且工作缺乏稳定性，所以很多农业转移人口不惜背井离乡，选择去经济发展水平较高的大城市务工，但大城市较高的房价和物价水平又超出了农业转移人口的购房能力和消费能力[167]，因此，为促进农业转移人口更好地落户城市，转变为市民，应鼓励农业转移人口，在大城市就业、到大城市周边中小城市落户生活。这就要求政府突破城市行政管辖权的边界，以城市群的形式统筹户籍改革与向农业转移人口提供公共服务。为此，需要改变户籍改革中城市政府"画地为牢"、只管本行政区农业转移人口的政策，实行城市群统筹向农业转移人口提供户籍与相关公共服务，由农业转移人口自主选择落户目标城市的办法[162]。这可以在一定程度上解决农业转移人口在大城市和中小城市就业能力和住房支付能力上的错位问题，促进农业转移人口向城市的永久性迁移[167]。

（五）结合城市规模和农业转移人口数量制定差别化的落户政策

我国一直采用以城市规模为主维度的差别化落户政策，这是我国"控大放小"城市发展方针的重要体现，但是同一级别或相同规模的城市面对的农业转移人口数量和结构有很大的差异，如果采用相同的落户政策显然是不合适的。比如，沈阳市农业转移人口数量较少，而广州农业转移人口数量就较多；重庆市跨省农业转移人口比例较低，而上海跨省农业转移人口的比例较高。再有，不同规模城市面对的农业转移人口数量也不呈同比例发展，一些中西部地区的大城市农业转移人口并不多，而有些东部沿海地区的中小城市外来农业转移人口数量却比较多。后者放开落户所面临的公共支出压力要远大于前者，所以中小城市落户门槛低于大城市的要求不具有普遍适用性，如果大城市或特大城市就要求严控城镇户籍，中小城市就要求全面放开落户限制，这显然是不符合实际的。因此，各城市在制定落户政策时既要考虑城市规模的大小，也要考虑该城市面对的农业转移人口数量的多少，还要考虑面对的农业转移人口的结构，是省内流动还是跨省流动，以及面对的农业转移人口市民化需要支出的公共服务成本的多少，来制定差别化的落户政策，以保证城市有足够的经济能力来承担农业转移人口市民化成本[173]。

七、提升农业转移人口数较多城市的行政级别

在国外，大多采取"切块设市"的城市设置模式，城市只有规模大小，并没有行政等级高低之分，而在我国采取的是"整建制设市"的城市设置模式，城市不仅分大小，还有行政级别，下级城市（镇）严格服从上级城市的领导。正是由于这种行政等级的存在，处于不同行政等级的城市，其政治地位、获得的资源和管理权限都是不同的，由于行政中心偏向，那些行政级别高的城市往往能获得更大的管理权限、更多的资源配置和政策上的支持，而行政级别等级低的县和建制镇，虽然承担了大量的公共事务，提供了大量的公共服务，但财权和管理权限却很少。比如 2017 年，直辖市市辖区的人均公共财政收入是县和县级市的 6.27 倍；人均财政支出方面，前者是后者的近 4.65 倍。东部经济发达地区的很多县和建制镇接纳了大量的农业转移人口，需要大量的资金为他们提供各种福利，使他们就地定居和转户，所以可以将那些吸纳农业转移人口较多、资源环境承载力强、产业发达、发展潜力大的县和建制镇升级为中小城市，使它们获得较高的行政级别，增大它们的管理权限和增强获得资金的能力，以便加强市政基础设施和公共服务设施的建设，更好地承担农业转移人口市民化成本，增强其对人口的吸纳能力，帮助农业转移人口就地落户。

本 章 小 结

本章提出通过采取一系列措施，来保障农业转移人口市民化成本分担优化机制顺利运行。比如：加强中央政府引导功能的同时调动其他主体的主观参与能动性；将市民化成本分担责任法制化，修改土地承包法，制定户籍法；推进财税体制改革，上移事权、下移财权；建立和完善各种保障制度，包括就业制度、社保制度、教育制度、土地制度；加强信息化建设；完善落户政策；提升农业转移人口数较多城市的行政级别。

第九章 结　　语

一、研究结论

推进农业转移人口市民化是我国的一项基本国策，但是在市民化推进的过程中需要花费大量的成本，这些成本如何分担、现有的分担机制都有哪些分担主体、他们的分担责任是否合理、分担机制的运行是否高效都是需要关注的问题。本书采用文献分析法、分类加总法、博弈分析法、实证分析与规范分析相结合的方法，对农业转移人口市民化分担机制进行研究，得出以下主要结论。

农业转移人口市民化成本巨大。经过测算，按照 2017 年有 0.16 万农业转移人口市民化，市民化总成本为 39 859.12 亿元/年，年人均成本为 24.91 万元。在总成本中，已经有 9 224.95 亿元被分担，未分担且需要由本年分担的成本为 30 634.17 亿元；年人均成本中已有 5.77 万元被分担，未分担且需要由本年分担的人均成本为 19.14 万元。在农业转移人口市民化成本中，住房成本为一次性支出成本，其他成本则为每年都需要支出的成本。

现有农业转移人口市民化成本分担机制运行效率有待提高。通过本书的介绍和计算可知，在农业转移人口市民化总成本中，已分担了 23.14% 的成本，还有 76.86% 的成本没有被分担，需要在当年被分担；从主体分布来看，政府和企业分担的成本较多，政府分担了其应分担额的 41.29%，企业分担了其应分担额的 41.50%，而农业转移人口则仅分担了其应分担额的 21.82%，政府、企业和农业转移人口个人未分担额则都需要在当年一次性分担。从以上数据可以看出，现有市民化成本分担机制没有很好地解决我国农业转移人口市民化成本的分担问题，需要进行优化。

农业转移人口市民化成本分担机制运行主体存在利益冲突。中央政府的利益诉求主要是激励和监管其他分担主体与自己共同分担市民化成本，实现农业转移人口市民化，最大限度地减少由于农业转移人口的大量流动带来的交通紧张、城市拥堵、存在大量留守儿童和留守妇女等社会问题。同时中央政府凭借自身的地位，往往要求地方政府多承担市民化成本，自己少承担。地方政府的利益诉求则是尽可能最低成本地利用大量农业转移人口，为本地区创造最大量的财富，所以地方政府希望既少分担农业转移人口市民化成本，又能获得大量的廉价劳动力。农业转移人口的利益诉求则是在自身经济条件允许，并且农村财产权益不受损失的情况下，能够享受到与城镇户籍居民相同的基本公共服务，同时还希望能在政府多承担、自己少分担的情况下实现市民化。市民化成本总量是一定的，分担主体也是固定的，每个分担主体承担的成本越多，收益自然就会越少，所以，他们在农业转移人口市民化成本分担的过程中存在利益博弈。

现有农业转移人口市民化成本分担机制运行主体的责任划分不尽合理。企业和农业转移人口在社保缴费中的分担责任过大；地方政府比中央政府的分担责任过大；流入地政府的分担责任不够全面，没有将农业转移人口纳入当地保障性住房和最低生活保障的覆盖范围。

农业转移人口市民化成本分担机制需要优化。需要优化各运行主体的分担责任，增大政府的分担责任，尤其是中央政府的分担责任；优化分担机制内容，建立投入机制、激励机制、筹资机制、补偿机制、监管机制，促进市民化成本的分担。

农业转移人口市民化成本分担机制还需要发挥政府的主导作用，既要发挥中央政府的长效和专项投入作用，又要确立地方政府主体地位，通过体制改革和机制完善来提高农业转移人口的市民化能力，并通过采取一系列的政策措施保障机制的有效运行，进而促进各主体共同承担农业转移人口市民化成本，使农业转移人口真正能分享经济发展成果，享受与城镇户籍居民同等的公共服务。

二、创新之处

从成本视角来研究农业转移人口市民化问题，并设计了比较全面的农业转移人口市民化成本指标体系，对市民化成本进行测算。在测算商品住房成本时，首次提出将农业转移人口按照在农村有房和无房分别计算其单项商品住房成本，再根据两者所占比例分别加总计算。

在计算农业转移人口市民化总成本和已分担成本时，以城镇户籍居民享有的公共服务水平作为标准值，以农业转移人口现在已经享受的公共服务水平作为已分担值来计算。这样计算就纠正了很多学者把所有的单项成本都按照全额来计算而夸大了成本总额的错误，使计算结果更真实，更具有参考价值。

对农业转移人口市民化成本分担机制进行优化。首先对政府、企业和农业转移人口个人等运行主体的分担责任进行优化，包括培训成本、随迁子女义务教育成本和社会保险成本的分担。其次对成本分担机制的内容进行优化，包括激励机制和补偿机制等，使成本分担机制更加科学合理，运行效率更高。

将博弈思想和模型引入市民化成本分担，建立博弈模型来分析市民化成本分担中各主体之间的利益博弈关系，为后面的机制设计提供依据。

三、不足之处

本书以"标准化"的农业转移人口市民化成本，按照我国新型城镇化发展规划目标中提出的农业转移人口市民化人数，计算每年需要分担多少成本。书中并没有分析大、中、小城市的市民化成本，而大、中、小城市的农业转移人口市民化成本是有差距的，本书在这方面的研究略显不足。

对各省（市）进行比较可能会得到更多的启示和更具借鉴意义，但由于各省（市）对农业转移人口没有数据统计，数据资料非常有限，本书在这方面的研究尚有不足。

参 考 文 献

[1] 钟德友. 如何破解农民工市民化困境 [J]. 特区实践与理论，2010 (2)：83 - 91.

[2] 陈广桂. 房价、农民市民化成本和我国的城市化 [J]. 中国农村经济，2004 (3)：43 - 47.

[3] 陆成林. 新型城镇化过程中农民工市民化成本测算 [J]. 财经问题研究，2014 (7)：86 - 90.

[4] 张国胜，陈瑛. 社会成本、分摊机制与我国农民工市民化：基于政治经济学的分析框架 [J]. 经济学家，2013 (1)：77 - 84.

[5] 《太原市农业转移人口市民化成本测算及其分担机制研究报告》课题组. 太原市农业转移人口市民化成本测算及其分担机制研究报告 [J]. 山西财税，2013 (7)：18 - 20.

[6] 刘尚希. 我国城镇化对财政体制的"五大挑战"及对策思路 [J]. 地方财政研究，2012 (4)：4 - 10.

[7] Schults T M. Investment in human capital [J]. *The American Economic Review*，1961，51 (1)：1 - 17.

[8] Desai V，Potter R B. The companion to development studies [M]. London：Hodder Education，2008，252 - 256.

[9] Hansen J，Lofstrom M. The dynamics of immigrant welfare and labor market behavior [J]. *Journal of Population Economics*，2008，22 (4)：941 - 970.

[10] Borjas G J，Trejo S J. Immigrant participation in the welfare system [R]. National Bureau of Economic Research Working Paper No. 3423，1991.

[11] Camarota S A. The high cost of cheap labor [R]. Center for Immigration Studies Working Paper，2004：1 - 48

[12] Versantvoort M C，et al. Evaluatie Werknermersverkeer MOE - landen [M]. Rorrerdam：Ecorys，2006.

[13] Ferber T. Personen met een uitkering [J]. *Social Economische Trends*，2008 (1)：25 - 34.

[14] Borjas G J. The economics of immigration [J]. *Journal of Economic Literature*，1994，32 (4)：1667 - 1717.

[15] Barrett A，McCarthy Y. Immigrants and welfare programmes：Exploring the interactions between immigrant characteristics，immigrant welfare dependence，and welfare policy [J]. *Oxford Review of Economic Policy*，2008，24 (3)：542 - 559.

[16] Oyelere R U，Oyolola M. Do immigrant groups differ in welfare usage? Evidence from the US [J]. *Atlantic Economic Journal*，2001，39（3）：231 - 247.

[17] Dörr S，Faist T. Institutional conditions for the integration of immigrants in welfare states：A comparison of the literature on Germany，France，Great Britain，and the Netherlands [J]. *European Journal of Political Research*，1997，31（4）：401 - 426.

[18] Cheng T，Selden M. The origins and social consequences of China's hukou system [J]. *The China Quarterly*，1994，139：644 - 668.

[19] Hum，Simpson W. Economic intergration of immigrants to Canada：A short survey [J]. *Canadian Journal of Urban Research*，2004，13（1）：46 - 61.

[20] Weiner M W. On internaional migration and international relations：Population and development review [M]. Vienna，1995.

[21] Castells M. The urban question [M]. London：Boward Anold，1976.

[22] Harris R，Giles C. A mixed message：The agents and forms of internatilnal housing policy，1945—1973 [J]. *Habitat International*，2003，27（2）：167 - 191.

[23] Choguill C L. The sesrch for policies to support sustainable housing [J]. *Habitat International*，2007，31（1）：143 - 149.

[24] Wong T C，Yap A. From universal public housing to meeting the increasing aspirstion for private housing in singpore [J]. *Habitat International*，2003，27（3）：361 - 380.

[25] Loo L S，Shi M Y，Sun S H. Public Housing and Ethnic Integrstion in Singapore [J]. *Habitat International*，2003，27（2）：293 - 307.

[26] Yuen B. Public housing - led recreation development in Singapore [J]. *Habitat International*，1995，19（3）：239 - 252.

[27] Wong T C，Guillot X. A roof over every head：Singapore's housing policy between state monopoly and privatizatiln [M]. IRASEC - Sampark，2004.

[28] Kanemoto Y. The housing question in Japan [J]. *Reginal Science and Urban Economics*，1997，27（6）：613 - 641.

[29] Douglas D C. English historical documents [M]. New York：Oxford University Press，1979.

[30] Skocpol T. Bringing the state back in：Strategies of analysis in current research [M]// P B Evans，D Rueschemeyer，T Skocpol. Bringing the state back in. Cambridge：Cambridge University Press，1985.

[31] 张国胜，谭鑫. 第二代农民工市民化的社会成本、总体思路与政策组合 [J]. 改革，2008（9）：98 - 104.

[32] 欧阳力胜. 新型城镇化进程中农民工市民化研究 [D]. 北京：财政部财政科学研究所，2013.

[33] 张北平. 农业转移人口市民化的成本研究 [J]. 山西财经大学学报，2013，35（A1）：

14 - 15.

[34] 申兵 . "十二五"时期农民工市民化成本测算及其分担机制构建：以跨省农民工集中流入地区宁波市为案例 [J]. 城市发展研究，2012（1）：86 - 92.

[35] 胡桂兰，邓朝晖，蒋雪清 . 农民工市民化成本效益分析 [J]. 农业经济问题，2013，34（5）：83 - 87.

[36] 曹兵，郭玉辉 . 论农民工市民化的社会成本构成 [J]. 经济论坛，2012（8）：116 - 118.

[37] 冯俏彬 . 构建农民工市民化成本的合理分担机制 [J]. 中国财政，2013（13）：63 - 64.

[38] 许召元，陈昌盛，金三林 . 农民工市民化的成本测算 [M] //国务院发展研究中心课题组 . 农民工市民化：制度创新与顶层政策设计 . 北京：中国发展出版社，2011.

[39] 单菁菁 . 农民工市民化的成本及其分担机制研究 [J]. 学海，2015（1）：177 - 184.

[40] 魏澄荣，陈宇海 . 福建省农民工市民化成本及其分担机制 [J]. 中共福建省委党校学报，2013（11）：113 - 118.

[41] 中国科学院可持续发展研究组 . 2005 中国可持续发展战略报告 [M]. 北京：科学出版社，2005.

[42] 张国胜 . 基于社会成本考虑的农民工市民化：一个转轨中发展大国的视角与政策选择 [J]. 中国软科学，2009（4）：56 - 69，79.

[43] 张国胜，杨先明 . 中国农民工市民化的社会成本研究 [J]. 经济界，2008（5）：61 - 68.

[44] 周小刚 . 中部地区城镇化进程中农民工市民化问题研究：以江西为例 [D]. 南昌：南昌大学，2010.

[45] 许玉明 . 重庆市农民工市民化的成本约束与制度创新 [J]. 西部论坛，2011（2）：42 - 46.

[46] 杜宇 . 城镇化进程与农民工市民化成本核算 [J]. 中国劳动关系学院学报，2013，27（6）：46 - 50.

[47] 刘洪银 . 新生代农民工内生性市民化与公共成本估算 [J]. 云南财经大学学报，2013（4）：136 - 141.

[48] 陈一菲 . 广东新型城镇化的成本测算及金融支持 [J]. 广东科技，2013（18）：3 - 4.

[49] 孙斌育，张曼平，马召 . 河南省农民工市民化成本变动影响因素研究 [J]. 市场研究 2015（3）：20 - 24.

[50] 傅帅雄，吴磊，戴美卉 . 新型城镇化下农民工的成本核算研究：以北京为例 [J]. 江淮论坛，2017（4）：11 - 17.

[51] 葛乃旭，符宁，陈静 . 特大城市农民工市民化成本测算与政策建议 [J]. 经济纵横，2017（3）：65 - 68.

[52] 卫龙宝，王文亭 . 农民工市民化的成本与收益：研究评述与理论框架构建 [J]. 西北农林科技大学学报（社会科学版），2018，18（3）：37 - 44.

[53] 张国胜，杨先明 . 公共财政视角下的农民工市民化的社会成本分担机制研究 [J]. 云南财政大学学报（社会科学版），2009（1）：90 - 94.

[54] 申兵. 通过政府分担机制提高农民工市民化程度 [J]. 宏观经济管理，2010 (11)：40 - 41.

[55] 杨先明. 构建农民工市民化的社会成本分摊机制 [J]. 经济界，2011 (3)：31 - 32.

[56] 高拓，王玲杰. 构建农民工市民化成本分担机制的思考 [J]. 中州学刊，2013 (5)：45 - 48.

[57] 柳博隽. 建立农民工市民化成本分担机制 [J]. 浙江经济，2012 (10)：8.

[58] 辜胜阻. 推进新型城镇化人是核心钱是关键 [J]. 中国合作经济，2013 (12)：17.

[59] 谌新民，周文良. 农业转移人口市民化成本分担机制及政策涵义 [J]. 华南师范大学学报（社会科学版），2013 (5)：134 - 141.

[60] 魏后凯. 加快户籍制度改革的思路和措施 [J]. 中国发展观察，2013 (3)：15 - 17.

[61] 傅东平，李强，纪明. 农业转移人口市民化成本分担机制研究 [J]. 广西社会科学，2014 (4)：72 - 77.

[62] 蔡瑞林，陈万明，朱广华. 农业转移人口市民化公共成本：成本分担还是利益反哺 [J]. 农村经济，2015 (1)：110 - 115.

[63] 黎红，杨聪敏. 农民工市民化的成本分担与机制构建 [J]. 探索，2018 (4)：143 - 149.

[64] 傅帅雄，吴磊，韩一朋. 新型城镇化下农民工市民化成本分担机制研究 [J]. 河北学刊，2019，39 (3)：135 - 142.

[65] 王敬尧，叶成. 地方财政视角下的农民市民化成本 [J]. 华中师范大学学报（人文社会科学版），2015 (5)：12 - 20.

[66] 王炜，刘志强. 农民工"市民化"：中国"穷二代"致富成本有多高？[N]. 人民日报，2011 - 03 - 31 (3).

[67] 阿瑟·刘易斯. 劳动力无限供给条件下的经济发展 [C] //二元经济论. 施炜，谢兵，苏玉宏，译. 北京：北京经济学院出版社，1989.

[68] 石红溶. 农民工市民化与地方政府行为：深度城市化的制度与政策研究 [D]. 西安：西北大学，2012.

[69] 程姝. 城镇化进程中农民工市民化问题研究 [D]. 哈尔滨：东北农业大学，2013.

[70] 费景汉，古斯塔夫·拉尼斯. 劳动剩余经济的发展：理论与政策 [M]. 赵天朗，等译. 北京：经济科学出版社，1992.

[71] 拉尼斯，费景汉. 经济发展理论 [J]. 美国经济评论，1961 (9)：536 - 566.

[72] 乔根森. 二元经济的发展 [J]. 经济学，1961 (6)：309 - 334.

[73] 乔根森. 过剩农业劳动力和两重经济发展 [J]. 政治经济学，1966 (2)：13 - 17.

[74] Ravenstein E G. Census of the British Isles [J]. *Birth place and Migration Geographical Magazine*，1876 (3)：173 - 177，201 - 206，229 - 233.

[75] Ravenstein E G. The laws of migration [J]. *Journal of the Royal Ststistical Society*，1885 (2)：167 - 227.

[76] Johnson D G. Provincial migration in China in the 1990s [J]. *Economic Review - Kidllington*，2003，14（1）：22-31.

[77] Shen J. Internal migration and regional population dynamics in China [J]. *Progress in Planning*，1996（45）：123-188.

[78] Liang Z，White M J. Internal Migration in China，1950-1988 [J]. *Demography*，1996，33（3）：375-384.

[79] Zhang K H，Song S. Rural-urban migration and urbanization in China：Evidence from time-series and cross-section analyses [J]. *China Economic Review*，2003，14（4）：386-400.

[80] Fan C C. Interprovincial migration，population redistribution，and regional development in china：1990 and 200 census Comparisons [J]. *The Professional Geographer*，2005，57（2）：295-311.

[81] 托达罗. 欠发达国家的劳动力迁移与城市农业模型 [J]. 美国经济评论，1969（3）：138-148.

[82] 任冲. 中国特色新型城镇化发展战略选择研究：基于印度城镇化经验教训分析 [D]. 济南：山东大学，2015.

[83] Lee E S. A Theory of Migration [J]. *Demography*，1966（1）：10-14.

[84] Stark O，Taylor J E. Migration in centives，migration types：The role of relative deprivation [J]. *The Economic Journal*，1991，101（408）：1163-1178.

[85] 亚瑟·塞斯尔·庇古. 福利经济学 [M]. 何玉长，丁晓钦，译. 上海：上海财经大学出版社，2009.

[86] 史磊. 我国政府间转移支付制度研究 [J]. 辽宁行政学院学报，2003（3）：49-50.

[87] 梁积江，黄勇. 试论民族地区经济发展中的财政转移支付问题 [J]. 中央民族大学学报（哲学社会科学版），2003，30（5）：23-26.

[88] 楼继伟. 完善转移支付制度 推进基本公共服务均等化 [J]. 中国财政，2006（3）：6-8.

[89] 金人庆. 完善公共财政制度 逐步实现基本公共服务均等化 [J]. 求是，2006（22）：7-9.

[90] 刘尚希. 逐步实现基本公共服务均等化的路径选择 [J]. 中国财政，2007（3）：1.

[91] 迟福林. 我国统筹城乡发展的基本公共服务均等化因素 [J]. 东南学术，2009（6）：4-9.

[92] 刘学之. 基本公共服务均等化问题研究 [M]. 北京：华夏出版社，2008.

[93] 蓝相洁，文旗. 城乡基本公共服务均等化：理论阐释与实证检验 [J]. 中南财经政法大学学报，2015（6）：67-73.

[94] 董立人. 城乡基本公共服务均等化与政府责任恪守 [J]. 行政论坛，2009（2）：81-84.

[95] 孙友祥，柯文昌. 城乡基本公共服务均等化：价值、困境与路径 [J]. 中国行政管理，2009（7）：45-47.

[96] 安体富，任强．公共服务均等化：理论、问题与对策 [J]．财贸经济，2007 (8)：48 - 53，129.

[97] 李一花．城乡基本公共服务均等化研究 [J]．税务与经济，2008 (4)：33 - 37.

[98] 洪柳．谈高等教育成本的分担与补偿理论 [J]．教育育人，2010 (36)：6 - 7.

[99] 黄莹．我国基本公共服务均等化问题研究 [J]．经济纵横，2012 (7)：64 - 66.

[100] 王丽花．洛阳市农业转移人口市民化有关问题分析 [J]．农村·农业·农民 (下半月)，2014 (1)：41 - 42.

[101] D. B. Johnstone. Sharing the costs of higher education：Student financial assistance in the United Kingdom, the Federal Republic of Germany, France, Sweden, and United States [M]. New York：The College Board，1986.

[102] 张国胜．"十二五"期间加快我国农民工市民化的思路与对策研究 [J]．农村金融研究，2011 (4)：15 - 20.

[103] 习近平．走高效生态的新型农业现代化道路 [N]．人民日报，2007 - 03 - 21 (9)．

[104] 杭琍．我国城镇化进程中县级政府职能研究 [D]．长春：东北师范大学，2014.

[105] 徐选国，杨君．人本视角下的新型城镇化建设：本质、特征及其可能路径 [J]．南京农业大学学报 (社会科学版)，2014，14 (2)：15 - 20.

[106] 单卓然，黄亚平．"新型城镇化"概念内涵、目标内容、规划策略及认知误区解析 [J]．城市规划学刊，2013 (2)：16 - 22.

[107] 任远．新型城镇化是以人为核心的城镇化 [J]，国家行政学院学报，2014 (3)：33 - 34.

[108] 陈柳钦．新型城镇化的核心是人的城镇化 [J]．城市管理与科技，2013，15 (5)：18 - 20.

[109] 施耀忠．注重推进城镇化进程中的节约集约用地 [J]．国土资源导刊 (湖南)，2013 (4)：30 - 31.

[110] 张占斌．新型城镇化的战略意义和改革难题 [J]．国家行政学院学报，2013 (1)：48 - 54.

[111] 杜海峰，顾东东，杜巍．农民工市民化成本测算模型的改进及应用 [J]．当代经济科学，2015，37 (2)：1 - 10.

[112] 蒋仕龙，许峻桦．新生代农民工融入城镇成本研究 [J]．时代金融，2014 (35)：102 - 104.

[113] 眭海霞，陈俊江．新型城镇化背景下成都市农业转移人口市民化成本分担机制研究 [J]．农村经济，2015 (2)：119 - 123.

[114] 徐红芬．城镇化建设中农民工市民化成本测算及金融支持研究 [J]．金融理论与实践，2013 (11)：69 - 72.

[115] 张占斌，冯俏彬，黄锟．我国农村转移人口市民化的财政支出测算与时空分布研究

[J]. 中央财经大学学报，2013（10）：1-7.

[116] 冯俏彬. 农民工市民化的成本估算、分摊与筹措 [J]. 经济研究参考，2014（8）：20-30.

[117] 丁萌萌，徐滇庆. 城镇化进程中农民工市民化的成本测算 [J]. 经济学动态，2014（2）：36-43.

[118] 张继良，马洪福. 江苏外来农民工市民化成本测算及分摊 [J]. 中国农村观察，2015（2）：44-56，96.

[119] 国家卫生和计划生育委员会流动人口司. 中国流动人口发展报告2015 [M]. 北京：中国人口出版社，2015：37-42.

[120] 国家卫生和计划生育委员会流动人口司. 中国流动人口发展报告2013 [M]. 北京：中国人口出版社，2013：47-52.

[121] 国务院发展研究中心课题组. 农民工市民化：制度创新与顶层政策设计 [M]. 北京：中国发展出版社，2011：30-38.

[122] 本刊编辑部. 福建出台政策推进农业转移人口市民化 [J]. 政策瞭望，2013（8）：55.

[123] 蒋建森. 农业转移人口市民化的制度创新及其现实途径 [J]. 中共浙江省委党校学报，2013，29（5）：23-28.

[124] 许燕，刘文丽，鞠彦辉. 农民工基本医疗保险关系转移接续中三方利益博弈分析：基于政府、企业与农民工的视角 [J]. 东北大学学报（社会科学版），2017，19（3）：262-269.

[125] 朱静. 企业分担农民工职业教育成本的思考 [J]. 现代经济（现代物业下半月刊），2008，7（13）：63-65.

[126] 张晓山. 农民工大潮与中国的城镇化进程：改革开放以来农民工的贡献与未来的发展 [J]. 河北学刊，2019，39（2）：127-135，148.

[127] 钟亮，廖亮，郭定文. 江西省新型城镇化农业转移人口市民化成本测算研究 [J]. 中国工程咨询，2014（11）：22-24.

[128] 匡远配，周凌. 财政分权、农地流转与农民工市民化 [J]. 财政研究，2017（2）：64-72.

[129] 操家齐. 农民工社会保障权均等化推进迟滞的深层逻辑 [J]. 社会科学战线，2017（7）：199-206.

[130] 刘冰，陶海青. 农民工培训市场运行低效的原因及对策建议 [J]. 宏观经济研究，2008（4）：54-57.

[131] 胡恒钊. 农民工流动子女教育断链现象根源探究 [J]. 教育探索，2017（1）：29-32.

[132] 余晖. 农民工随迁子女入学门槛缘何提高？——多源流模型的视角 [J]. 基础教育，2018，45（5）：72-79.

[133] 王燕. 农民工随迁子女"异地高考"中的利益博弈 [J]. 教学与管理, 2017 (33): 29-32.

[134] 张光辉. 新型城镇化、户籍制度改革与农民工市民化研究 [J]. 产经评论, 2019, 10 (5): 108-123.

[135] 林永民, 赵金江, 史孟君. 新生代农民工城市住房解困路径研究 [J]. 价格理论与实践, 2019 (2): 50-53.

[136] 刘家庆, 徐继之. 合理划分各级政府间事权与财权问题研究 [J]. 财会研究, 2007 (2): 6-10.

[137] 刘海军, 谢飞燕. 推进我国农业转移人口市民化对策探析 [J]. 农业经济, 2013 (6): 58-60.

[138] 胡文燕. 新生代农民工职业教育的政策困境与政策选择 [J]. 成人教育, 2018 (2): 63-66.

[139] 杨世箐, 陈怡男. 农民工市民化成本分担的现实困境及对策分析 [J]. 湖南社会科学, 2015 (5): 93-97.

[140] 余小英. 农业转移人口市民化成本分担及政府角色研究 [J]. 中国劳动, 2015 (6): 25-29.

[141] 肖畅. 金融监管协调机制的进化博弈研究 [J]. 经济研究导刊, 2015 (20): 235-236.

[142] 石忆邵, 王樱晓. 基于意愿的上海市农民工市民化成本与收益分析 [J]. 同济大学学报 (社会科学版), 2015, 26 (4): 50-58.

[143] 黎智洪. 农业转移人口市民化: 制度困局与策略选择 [J]. 人民论坛, 2013 (20): 49-51.

[144] 姚毅, 明亮. 我国农民工市民化成本测算及分摊机制设计 [J]. 财经科学, 2015 (7): 123-131.

[145] 余思新, 曹亚雄. 农民工市民化层次性解读及其现实启示 [J]. 西北农林科技大学学报 (社会科学版), 2014, 14 (1): 25-29, 35.

[146] 高鸿业. 西方经济学 (宏观部分) [M]. 北京: 中国人民大学出版社, 2004: 535-577.

[147] 罗建华, 胡汉倮, 许小宁, 王燕华, 王军明. 西部地区农村富余劳动力转移培训研究: 以云南少数民族自治州转移培训模式为例 [J]. 经济问题探索, 2012 (12): 97-101.

[148] 徐济益, 许诺. 中国外出农民工社会保险的进路: 如何可为 [J]. 学习与实践, 2015 (1): 94-102.

[149] 重庆市发展改革委大力实施农民工户籍制度改革 有序推进农业转移人口市民化 [J]. 中国经贸导刊, 2013 (18): 15-17.

[150] 杨晓霞, 吴开俊. 中央财政介入农民工随迁子女义务教育问题探讨 [J]. 教育发展研究, 2017, 37 (22): 45-50.

[151] 陈怡男，刘鸿渊. 农民工市民化公共属性与制度供给困境研究 [J]. 经济体制改革，2013（4）：80-84.

[152] 国家卫生和计划生育委员会流动人口司. 中国流动人口发展报告 2014 [M]. 北京：中国人口出版社，2014：1-10.

[153] 张晓松，杜宇，江国成，原金. 城镇化三问：人到哪去？钱从哪来？地怎么管？[J]. 决策探索（下半月），2013（12）：42-43.

[154] 张国胜. 中国农民工市民化：社会成本视角的研究 [M]. 北京：人民出版社，2008：1.

[155] 卢岚. 试论农民工安全着陆前的思想政治教育 [J]. 西北农林科技大学学报（社会科学版），2011，11（6）：123-128.

[156] 吴萨，曾红颖，赵崇生，陈成云，徐高鹏. 流动人口的基本公共服务需新的制度安排 [J]. 宏观经济管理，2013（4）：54-56.

[157] 王晓红，王吉恒. 农业转移人口市民化成本及对策分析 [J]. 农业现代化研究，2015（9）：767-772.

[158] 郭芹，高兴民. 农民工半城镇化问题的多维审视 [J]. 西北农林科技大学学报（社会科学版），2018，18（3）：22-30.

[159] 王伟健. 市民化成本该谁买单：关注城镇化成本（下）分担机制怎样更合理：江苏张家港新市民积分管理制度调查 [N]. 人民日报，2013-12-15（9）.

[160] 张铭. 成都市有序推进农业转移人口市民化研究 [J]. 改革与开放，2013（23），30，27.

[161] 杨志明. 中国特色农民工发展研究 [J]. 中国农村经济，2017（10）：38-48.

[162] 刘小年. 农民工市民化非均衡现象分析社会交换的视角 [J]. 农业经济问题，2018（1）：75-86.

[163] 杜宝旭. 农民工市民化私人成本收益均衡系数及其城镇化效应 [J]. 经济与管理研究，2018，39（4）：98-109.

[164] 李轩红. 我国农民工社会养老保险困境及对策研究 [J]. 山东社会科学，2010（4）：45-48，133.

[165] 呙玉红，申曙光. 农民工社会养老保险最优参保策略研究 [J]. 华中师范大学学报（人文社会科学版），2018，57（6）：30-40.

[166] 杨先明，张国胜. 非公有制经济发展与中国农民工市民化 [J]. 经济界，2007（6）：69-74.

[167] 冯双生，张桂文. 农民工落户城市的经济能力约束及破解路径 [J]. 广西社会科学，2017（8）：68-73.

[168] 任远. 人的城镇化：新型城镇化的本质研究 [J]. 复旦学报（社会科学版），2014，56（4）：134-139.

[169] 胡恒钊. 断链与衔接：城镇化进程中农民工流动子女教育的现状调查 [J]. 农业经

济，2017（1）：70-72.

[170] 熊丙奇. 是谁制造了教育的户籍歧视 [N]. 中国青年报，2014-08-05（10）.

[171] 欧阳慧，张燕. 外来人口集聚区农民工落户的现实困境与政策选择 [J]. 经济纵横，2016（10）：75-80.

[172] 魏东霞，湛亲民. 落户门槛、技能偏向与儿童留守：基于2014年全国人口监测数据的实证研究 [J]. 经济学（季刊），2018（1）：549-578.

[173] 欧阳慧，张燕，腾飞，邹一南. 农民工群体差别化落户思路与政策研究 [J]. 宏观经济研究，2018（2）：158-167.